FACULTÉ DE DROIT DE L'UNIVERSITÉ

# DE L'EXTENSION

## DES PRINCIPES DE LA

# CONVENTION DE ...

AUX

# GUERRES MARITIMES

PAR

## GEORGES CAUWÈS

CHEF DE CABINET DE PRÉFET

## THÈSE POUR LE DOCTORAT

Présentée et soutenue le 22 Avril 1899, à 2 h. 1/2 de l'après-midi

Président : M. Louis RENAULT, professeur
Suffragants { MM. LESEUR, professeur
                PILLET, professeur

PARIS

LIBRAIRIE DE LA SOCIÉTÉ DU RECUEIL GÉNÉRAL DES LOIS ...
FONDÉ PAR J. B. SIREY, ET DU JOURNAL ...
Ancienne Maison L. LAROSE & ...
22, rue Soufflot
L. LAROSE, Directeur de la ...

1899

# THÈSE

## POUR LE DOCTORAT

FACULTÉ DE DROIT DE L'UNIVERSITÉ DE PARIS

# DE L'EXTENSION

## DES PRINCIPES DE

# LA CONVENTION DE GENÈVE

### AUX

# GUERRES MARITIMES

PAR

## GEORGES CAUWÈS

CHEF DE CABINET DE PRÉFET

## THÈSE POUR LE DOCTORAT

Présentée et soutenue le 22 *Avril* 1899, à 2 h. 1/2 de l'après-midi

*Président :* M. Louis RENAULT, *professeur.*

*Suffragants* { MM. LESEUR, *professeur.*
PILLET, *professeur-adjoint.*

## PARIS

LIBRAIRIE DE LA SOCIÉTÉ DU RECUEIL GÉNÉRAL DES LOIS & DES ARRÊTS
FONDÉ PAR J.-B. SIREY, ET DU JOURNAL DU PALAIS
**Ancienne Maison L. LAROSE & FORCEL**
22, *rue Soufflot,* 22

L. LAROSE, Directeur de la Librairie

1899

A MES PARENTS

# DE L'EXTENSION

DES PRINCIPES

# DE LA CONVENTION DE GENÈVE

AUX

# GUERRES MARITIMES

## INTRODUCTION

L'activité humaine est universelle et poursuit sans cesse son œuvre de conquêtes intellectuelles, morales et matérielles. Admirer les bienfaits de la civilisation moderne, c'est rendre hommage au progrès qui préside aux destinées des sociétés. Le progrès s'applique à toutes les sciences, à toutes les catégories de connaissances humaines. En même temps qu'il est le résultat des découvertes du savant, des aperçus du philanthrope, des théories du penseur, des procédés nouveaux appliqués aux différentes sortes d'industries, il est le fruit des inventions qui rendent plus efficaces les moyens de destruction en usage ou qui en

C.                                                                              1

créent de nouveaux. Si le progrès est divers et contradictoire, c'est qu'il est le produit d'une intelligence qui rayonne dans des directions multiples et souvent opposées.

Nous en avons un exemple frappant dans le sujet de notre travail : la question de la protection des blessés et des naufragés des guerres maritimes évoque, tout d'abord, l'idée de progrès dans deux applications contraires : dans le perfectionnement ininterrompu des engins de destruction modernes, et dans la recherche et l'adoption de règles humanitaires internationales destinées à tempérer les horreurs de la lutte, en assurant le sauvetage des victimes de la guerre.

Nous ne nous attarderons pas à des spéculations philosophiques qui seraient étrangères au sujet même de cette thèse ; nous laisserons de côté, à dessein, les discussions soulevées par les apôtres de la paix universelle, quel que soit l'intérêt que présentent, à l'heure actuelle, ces questions. Nous ne ferons, ici, aucune allusion à des théories qui sont aussi vieilles que les rêves les plus lointains de l'humanité et dont la réalisation reculera longtemps encore, du moins nous le craignons, comme un incertain mirage.

Nous ne nous préoccuperons pas davantage de rechercher les causes et les effets de ce mal social, la guerre, ni ne définirons ses caractères tels que les comprennent maintenant les peuples civilisés qui, dans les luttes internationales, ne voient plus, selon la belle doctrine de Rousseau, que des relations d'États à États, non d'hommes à hommes.

Il nous parait hors de propos d'essayer de mesurer, ici, l'étendue des conséquences de cette conception nouvelle, spécialement dans les questions de droit international public maritime ; dans cet ordre d'idées, la principale étape de l'évolution accomplie est la Déclaration de Paris.

Rappelons simplement une idée dont le développement quoique lent, fut continu à travers les siècles : la guerre ne rompt pas tout lien de droit entre deux États : il subsiste, au-dessus des actes de violence, des principes dont l'observation s'impose, qui découlent de la nécessité ou qui sont inspirés par l'équité : tels sont la foi à la parole donnée, le respect de l'ennemi désarmé ou blessé, l'interdiction de l'usage d'armes inutilement barbares.

Pour faire œuvre utile et pratique il est nécessaire de prendre, comme point de départ, ce qu'on pourrait appeler la connaissance moderne des choses et de ne pas remettre, sans cesse, à nouveau, sur le chantier des discussions épuisées et des résultats que l'on est en droit de considérer comme acquis à l'actif de l'humanité. C'est de cette méthode que nous nous efforcerons de nous inspirer. Nous nous enfermerons volontairement dans un cadre bien défini et nous limiterons rigoureusement ce travail à l'étude de l'extension de la convention de Genève aux guerres maritimes.

✣

Il ne nous appartient pas de chercher à définir, dans le détail, la nature de la révolution accomplie dans l'art naval militaire. Mais, au point de vue qui nous intéresse, nous devons esquisser d'une manière générale le caractère des guerres maritimes de la période moderne. Elles ressemblent peu à celles de l'antiquité ou même à celles des siècles derniers.

Depuis la plus haute antiquité, les données du combat naval offraient, en un certain point, une analogie frappante avec celles du combat sur terre. En l'absence de moyens de destruction à distance, la tactique consistait à aborder les navires ennemis et à engager une lutte directe, corps à corps, sur le pont des vaisseaux. La force navale résidait dans le nombre et dans l'armement des combattants ; le but du combat était donc l'anéantissement des équipages, comme dans les guerres continentales, l'écrasement des phalanges et cohortes ennemies. La grosseur des bâtiments de combat varia selon les époques et selon les pays : évidemment les procédés de la lutte n'étaient pas, pour les flottes légères et rapides, les mêmes que pour celles composées de navires à multiples rangs de rames chargés de troupes nombreuses et pesamment armées. Mais, dans tous les cas, la condition essentielle du succès était la mise hors de combat du plus grand nombre possible d'adversaires, dans le double but de s'assurer la victoire immédiate et la sécurité de l'avenir [1]; les flottes en effet, comme les armées, se reconstituaient et s'improvisaient rapidement. Aussi le vainqueur détruisait-il jusqu'au dernier homme l'équipage du navire désemparé et

(1) Thucydide, *Histoire de la guerre de Corinthe et de Corcyre* (I, 49).

s'efforçait-il de couler les naufragés cherchant, dans la fuite, un salut incertain.

Pour ne citer qu'un seul mais remarquable exemple que rapporte Hérodote [1] et que relate également Thucydide, Aristide donna l'ordre à ses partisans d'achever les blessés et les naufragés qui n'avaient point encore disparu dans les flots [2] et massacra les Perses qui avaient abordé dans une île voisine pour y chercher un refuge.

Les Romains n'apportèrent aucun tempérament aux rigueurs du combat naval et le pratiquèrent comme tous les autres peuples : les légionnaires romains envahissaient les ponts des navires ennemis, préalablement harponnés, qui devenaient de véritables champs de bataille. Aucune pitié ne présidait aux tueries; aucun secours n'était prévu en faveur des naufragés qui n'avaient d'autre ressource que de se recommander à Neptune.

Au Moyen âge et dans les siècles qui suivirent, les engins meurtriers n'avaient pas acquis des perfectionnements suffisants pour que les conditions de la bataille sur mer fussent notablement changées. Les équipages entraient en lutte, les armes à la main, pendant que les navires qui s'étaient abordés dérivaient au gré des flots et des vents, accouplés par des grappins de fer.

Peu à peu, des améliorations furent apportées dans l'art des constructions navales; notamment, la vitesse des

(1) Hérodote (VIII, 88).
(2) *Bulletin international des Sociétés de secours aux militaires blessés,* publié à Genève par le Comité international de la Croix-Rouge (mai 1883), n. 54, p. 75 et 76.

vaisseaux fut accrue. Puis, un nouvel agent de destruction, le canon, se généralisa : il tendit à modifier les caractères de la guerre maritime. Mais, malgré l'emploi du boulet pour désemparer ou pour couler les navires ennemis, la lutte continua à petite distance entre les escadres et longtemps encore, durant des siècles, la canonnade ne fut que la première phase du combat; la hache d'abordage restait l'argument final, et le corps à corps, l'épisode décisif de la bataille. L'histoire des marines française, hollandaise, anglaise, espagnole, ne relève pas un acte charitable de sauvetage des équipages naufragés; rien n'adoucissait les horreurs du combat.

Les dernières années du siècle dernier et le commencement du XIX$^e$ constituent la période d'évolution. Les progrès de l'armement ont fait que l'on peut, de beaucoup plus loin, porter des coups sensibles à l'ennemi; des découvertes nouvelles ont permis de couler instantanément les navires de l'adversaire par la seule puissance de certains projectiles. Les canons à tir rapide et à longue portée, les obus, les torpilles, les éperons sont, dans les marines de l'Europe, autant de révolutions profondes. Nous sommes, à l'heure actuelle, engagés très avant dans l'ère des cuirassés coûteux. Le secret de la guerre moderne semble résider dans le rapport entre le degré de résistance du blindage et la force de perforation de l'engin. Le combat naval est devenu exclusivement le duel d' « unités » qui se mitraillent et cherchent à s'envoyer aux abîmes. Les équipages des flottes modernes, toujours très nombreux, forment, dans les flancs des navires, de véritables garnisons d'un rôle peu apparent dans la lutte. Absorbés dans la vie mécanique du vaisseau qui les porte, les matelots ne sont plus que les éléments, pour ainsi dire, de celui-ci : leur rôle ne diffère pas sensiblement de celui des diverses pièces qui composent la machine tout entière. Ce caractère ne pourra que s'accentuer encore avec les progrès futurs : de moins en moins l'équipage sera combattant, et de plus en plus il deviendra mécanicien. Les flottes de l'avenir se composeront, pour tout ou partie, de sous-marins : les navires de ce type font ressortir, dans ce qu'il a de plus accentué, le caractère d'individualités que revêtent les constructions maritimes modernes ; là, plus encore que dans nos cuirassés actuels, la vie des gens de l'équipage se confond avec celle de l' « être » qui les contient.

Le but du combat est actuellement d'anéantir les navires ennemis ; lorsque ceux-ci sont désemparés, hors d'état de tenir la mer, ou coulés, la victoire est acquise. Les accidents, les hasards de la lutte ont pu tuer ou blesser beaucoup d'hommes ou précipiter des équipages entiers à la mer : la perte de tous ces malheureux naufragés ou blessés n'est point un des éléments nécessaires, indispensables du triomphe. Pour être complet, celui-ci n'exige point d'hécatombes de marins ni de noyades de matelots. Ce n'est pas à dire malheureusement que de pareilles horreurs ne doivent être, trop fréquemment, le résultat des combats sur mer.

Il est désormais admis, par la plupart des peuples civilisés, qu'il ne découle, sous le bénéfice de certaines restrictions, aucun dommage pour le vainqueur du fait du sauvetage de l'équipage ennemi. Cette considération, outre qu'elle est parfaitement rationnelle, étant donné les explications précédentes, résulte également du sentiment naturel de réprobation que provoquent les tueries inutiles. Ainsi, la protection des blessés et des naufragés des guerres maritimes est devenue possible par suite de l'évolution de l'art militaire naval que nous avons essayé de dégager; en même temps, elle apparaît comme l'œuvre des sentiments philanthropiques d'une époque éclairée.

A Nelson revient l'honneur d'avoir, le premier, improvisé des secours efficaces pour sauver, dans la mesure du possible, les équipages des navires français incendiés. Depuis cet exemple, l'idée d'après laquelle le vainqueur doit opérer ou laisser s'accomplir le sauvetage des naufragés a fait son chemin, et il est dès maintenant indiscuté que si l'on peut faire prisonnier l'équipage ennemi, l'anéantir serait un crime du droit des gens qui jetterait le déshonneur sur la marine qui l'aurait commis.

Si le mouvement d'opinion favorable aux victimes des combats s'est manifesté tout d'abord en faveur de celles des luttes continentales, cela tient à une raison bien humaine : les rigueurs de la guerre sont plus apparentes dans les lieux habités, ses traces plus profondes dans les campagnes; les témoins en sont aussi plus nombreux; les drames de la mer, au contraire, n'ont guère pour témoins que ceux qui en sont les auteurs actifs ou les victimes et leurs vestiges sont des épaves bien vite englouties. Il en résulte une indifférence relative en somme explicable et compréhensible. Empressons-nous d'ajouter, pour l'honneur de notre époque, qu'un élan généreux et humanitaire s'est substitué de nos jours à ce sentiment négatif : depuis une quarantaine d'années, l'idée qui fera l'objet de nos études a suivi un mouvement ascensionnel qui a abouti partiellement et qui, nous n'en doutons pas, ne saurait tarder à être définitivement consacré par le droit des gens positif.

La cause de l'humanité peut s'en féliciter, car les secours que réclament les victimes des batailles navales sont plus pressants encore que ceux que demandent les blessés des luttes continentales. Les conditions de la guerre maritime sont, pour un double motif, particulièrement funestes : les matelots blessés, parqués dans les infirmeries des navires où ils sont soignés dans des conditions défavorables, continuent d'être exposés à des dangers auxquels peuvent échapper les victimes des conflagrations terrestres. De plus, aux chances de mort venant des suites des blessures, s'ajoute le péril de la mer.

Une autre raison que celle que nous avons indiquée plus haut explique, mieux encore, pourquoi le mouvement en faveur des victimes de la guerre maritime a suivi de loin le progrès réalisé au bénéfice des soldats tombés sur les champs de bataille : c'est qu'il est plus facile de définir et d'organiser les secours sur terre que sur mer.

Sans doute, au début, il faut le dire à leur éloge, certains des promoteurs de l'idée si noble de la protection des victimes de la guerre se sont fait de généreuses illusions en ce qui concerne son application immédiate à la marine. Leur ardeur humanitaire les empêchait d'avoir une conception bien nette des difficultés inévitables de l'avenir.

Il est certain que l'organisation des secours sur mer est autrement complexe que celle qu'assure la Convention de Genève de 1864; les questions qu'elle soulève sont multiples tant au point de vue juridique et international qu'au point de vue pratique. Il est malaisé de réglementer, dans le détail, l'action des Sociétés de secours sur mer, le rôle des bâtiments hospitaliers de l'État et le degré de neutralité à leur accorder, de définir comment pourra s'exercer l'intervention secourable des neutres, de préciser le sort des naufragés ou des blessés recueillis, les conditions du dépôt de ceux-ci dans un port neutre. En un mot, c'est une entreprise délicate de concilier l'idée généreuse et humanitaire avec les principes du droit international maritime et les rigueurs coutumières de la guerre navale.

Mais, si la tâche est complexe, elle n'est pourtant pas insurmontable. Le terrain n'est d'ailleurs pas vierge; la route est tracée. Il s'agit donc d'examiner les résultats obtenus, de les soumettre à la critique et de rechercher comment pourrait être résolue, dans les conditions les plus satisfaisantes à tous égards, l'intéressante question de l'extension des bienfaits de la Convention de Genève aux blessés et naufragés des guerres maritimes.

# CHAPITRE PREMIER

HISTORIQUE DE L'IDÉE DE PROTECTION DES VICTIMES
DE LA GUERRE MARITIME, AVANT LA RÉUNION
DE LA CONFÉRENCE DE 1868

1º Avant 1864. — Antiquité. — Moyen âge. — Temps modernes.
2º Principe de la Convention de Genève. — Intérêt de l'extension
    aux guerres maritimes.
3º De 1864 à la réunion de la Conférence de 1868.

## 1º Avant 1864. — Antiquité. — Moyen âge.
### Temps modernes

Le droit des gens maritime est un droit rigoureux, même
en temps de paix; ce caractère s'explique par ce fait que
tous les Etats commandent concurremment sur mer; ils y
ont un égal pouvoir. Le contrôle des actes des particuliers
y étant moins facile que sur terre, il s'exerce nécessairement d'une manière plus inquisitoriale. Dans un intérêt
supérieur et commun, les États se sont soumis à des règles

que la coutume a, peu à peu, établies et qui sont la sauvegarde de la navigation internationale et du commerce
extérieur.

En temps de guerre, les règles du droit maritime
s'aggravent encore de mesures plus sévères, souvent même
vexatoires, mais universellement admises : les neutres
n'échappent pas aux conséquences indirectes de la lutte
et ils doivent subir notamment le droit de visite. De
plus, entre les belligérants, il existe sur mer des procédés hostiles qui sont bannis des usages continentaux :
la propriété privée n'est pas indemne : elle est sujette à
capture.

Ce n'est pas à dire que le droit de la mer, spécialement
en cas de conflit armé, soit semblable, de nos jours, à ce
qu'il était autrefois : il s'y est introduit, au contraire, des
adoucissements nombreux.

Deux actes, notamment la Déclaration de Paris de 1856 et
l'Acte de Saint-Pétersbourg de 1868, qui trouve son application sur mer, tempèrent les rigueurs de la lutte. Enfin,
aux règles de droit positif s'ajoutent, dans la pratique des
nations, des usages de haute courtoisie et d'humanité qui
se sont affirmés d'une manière de plus en plus efficace et
heureuse.

Mais, il n'est pas moins vrai que la nature de la guerre
maritime diffère de celle des luttes continentales ; sur mer,
des résultats utiles ne peuvent être obtenus que si le commerce de l'ennemi est atteint ; sur terre, il n'en est pas
ainsi : les intérêts matériels des particuliers sont, en principe, respectés et la propriété privée ne souffre des faits de

guerre que dans la mesure seulement des nécessités du combat.

L'idée que la guerre navale doit obéir à des principes particulièrement rigoureux, si elle n'est pas indiscutée, est du moins admise d'une manière générale et est entrée dans la pratique des nations.

L'antiquité ne connut qu'une théorie, celle qui définissait les causes légitimes de la guerre et qui indiquait les cas où il y avait « bellum justum ». Mais les peuples anciens n'admirent pas, en thèse générale du moins, de tempéraments directs aux horreurs du combat : tous les moyens étaient considérés comme légitimes pour atteindre la victoire et l'on n'usait pas de ménagements vis-à-vis des victimes de la lutte.

Au Moyen âge, grâce aux travaux des théologiens et des canonistes qui firent une œuvre plus sérieuse et plus complète qu'on ne le croit généralement, une doctrine se constitua sur le droit de la guerre; saint Thomas d'Aquin reprit les théories anciennes et les rajeunit en les développant : elles contiennent principalement l'opposition entre les guerres justes ou injustes, la distinction des « personæ nocentes » ou « innocentes », la limitation des effets de la guerre quant aux biens, etc..... Mais, dans aucun écrit, touchant au droit des gens, il ne fut question de la neutralisation des blessés et du service médical. Grotius n'en dit mot : il cite les exemples de l'antiquité et oppose soigneusement les lois inflexibles des combats aux visées plus hautes, mais souvent moins pratiques, de l'humanité [1].

❋

Dans les siècles derniers, il n'est pas rare de trouver des exemples d'adoucissements apportés aux conséquences de la guerre, soit par la générosité du vainqueur, soit par des conventions militaires entre les chefs des armées ennemies ; mais ils concernent exclusivement les luttes continentales.

Pour la première fois, en 1764, de Chamousset fit ressortir la nécessité de prévoir des secours pour les blessés dès le temps de paix ; à lui revient l'honneur de la conception nouvelle d'une assistance préalablement et méthodiquement préparée, en vue des conflagrations futures ; il comprit qu'un État véritablement soucieux d'une bonne organisation militaire, devait songer, non seulement à instruire et à augmenter ses effectifs, et à s'approvisionner de matériel de guerre, mais aussi à prendre des mesures pour assurer le fonctionnement régulier d'un service spécial destiné à porter des secours aux militaires blessés.

L'idée ne porta pas ses fruits et demeura sans application pratique : bien que les armées fussent devenues, depuis longtemps permanentes, elles ne possédaient qu'un personnel médical insuffisant ; l'organisation hospitalière proprement dite n'existait pas. On n'improvisait des

(1) M. Pillet, *Leçons sur la Philosophie de la guerre* (Collège des Sciences sociales, 1899, 2e leçon).

secours d'ailleurs insuffisants et partiels qu'après de grandes batailles, quand des circonstances très favorables se présentaient.

Deux décrets de 1793 proclamèrent l'obligation : 1° pour l'État, d'assurer des secours aux victimes de la guerre ; 2° pour les armées, de respecter les blessés, sans condition de réciprocité de la part de l'ennemi. Ce sont là deux manifestations purement platoniques qui cadrent parfaitement avec les déclarations de principes de l'époque. Mais il ne fut pas pris de mesures en vue de la protection des blessés et l'on ne songea pas plus à agir par voie de réglementation intérieure qu'à provoquer une entente internationale.

Les guerres du Premier Empire ne nous offrent pas d'exemples dignes d'intérêt ; l'histoire des campagnes du début du siècle fait apparaître l'insuffisance absolue de l'organisation sanitaire et ne relate, au point de vue international, que des cartels sans véritable intérêt sur la situation des blessés, conclus spécialement à l'occasion de capitulations. Le nom du chirurgien Larrey est intimement lié au progrès des services hospitaliers sur les champs de bataille ; mais il ne faut voir là qu'une initiative individuelle qui, si elle a été féconde, n'a porté que sur l'organisation intérieure et que sa nature même empêchait de revêtir un caractère international [1].

Ainsi donc, et en résumé, il est impossible de découvrir en remontant à une époque un peu reculée un pré-

[1] Conférence de M. L. Renault à la Sorbonne sur la Convention de Genève (11 février 1899).

cédent quelconque, tant dans le domaine des discussions théoriques que dans celui de la pratique, à la question des secours aux blessés des guerres maritimes.

※

Cependant un document historique est particulièrement digne de remarque à ce point de vue : c'est un traité du 12 mars 1780, conclu entre la France et l'Angleterre [1].

Dans ce « cartel pour l'échange général de tous les pri- « sonniers pris en mer entre la France et la Grande-Bre- « tagne et amenés en Europe », se manifeste, d'une ma- nière très apparente, la volonté d'adoucir les maux de la guerre sur mer. L'objet de cet acte est principalement la réglementation détaillée des conditions de l'échange im- médiat des prisonniers pris en mer ; l'égalité et la récipro- cité sont proclamées, les détails des équivalences sont minutieusement prévus ; des règles humaines sont posées pour le mode de concentration des prisonniers et pour leur rapatriement (ports désignés pour l'embarquement et le débarquement, prix du transport, etc...) ; il est spécifié que les officiers peuvent reprendre du service après qu'ils ont été portés sur le compte des échanges [2]. Ce qui nous

(1) Martens, *Recueil des traités des Puissances et États de l'Europe depuis 1761*, 2e édit., t. III, p. 300 et suiv. — C. F. Gurlt, *Zur Geschichte*, p. 29 et 31. — L'indication du traité de 1780 figure, ainsi que sa date, dans le *Répertoire général des traités de paix* de Tetot, t. I, p. 76, n° 1206.

(2) Nous ne faisons mention de ces dispositions concernant l'échange des prisonniers que parce qu'elles sont, en somme, le fond du traité de

intéresse principalement dans les dispositions de ce traité
de 1780, c'est le principe, nettement exprimé, du rapatriement des naufragés; c'est aussi l'institution du « pavillon
de Trève » dont il est question dans l'art. 31 de la convention et dont le but est d'assurer l'inviolabilité des navires
qui, transportant les prisonniers échangés, devront s'abstenir de charger, à bord, des marchandises; c'est enfin la
clause de l'art. 6 qui établit que tous les « chirurgiens et
« garçons chirurgiens des bâtiments du roi » et même ceux
« des vaisseaux marchands, corsaires et autres navires »
seront mis en liberté sans être regardés comme prisonniers : la même faveur était étendue aux médecins des
troupes des deux marines de même qu'aux chapelains et
ministres religieux pris en mer à bord de bâtiments quelconques.

En somme, les principes qui sont à la base de la Convention de Genève préexistaient à la rédaction écrite de
1864 et de 1868; des manifestations antérieures à ces
deux actes avaient trouvé leur expression dans des traités
plus détaillés et les plus explicites que les textes actuels.
En ce qui touche aux guerres maritimes, le traité de 1780

---

1780 et que le reste n'était que l'accessoire dans l'esprit des contractants; nous n'insisterons pas sur cet ordre d'idées qui nous ferait sortir
des limites de notre sujet. Nous nous contenterons de faire cette remarque que l'échange immédiat et général, en cours de guerre, de tous les
prisonniers ne serait aujourd'hui susceptible d'aucune exécution pratique, tant en raison du nombre de ceux-ci qu'en raison de l'absence totale
de garanties et de moyens de contrôle en face des abus possibles. Il n'y
a d'ailleurs aucune apparence que les Gouvernements puissent jamais
songer à s'engager dans cette voie.

dont nous venons de donner une idée générale renfermait
des dispositions qui ont eu un caractère obligatoire pour
deux grands États. A l'heure actuelle, en l'absence d'une
ratification des articles additionnels de 1868, nous sommes
moins avancés qu'il y a cent-vingt années[1]. De notre temps,
la situation qui existait alors est, pour ainsi dire retour-
née : alors que maintenant le droit positif des nations
renferme des règles humanitaires pour les guerres terrestres, la législation conventionnelle ne contient la reconnaissance d'aucun principe analogue pour la marine.

Néanmoins, nous l'avons dit, l'idée de protection des
victimes des combats maritimes a fait son chemin tardive-
ment et il ne conviendrait pas d'exagérer l'importance de
précédents isolés [2] qui ne sont point issus d'un véritable
courant d'opinion. En effet, de même que l'idée qui surgit
en 1863-1864 sut faire son chemin sans s'inspirer des
exemples du passé, de même le mouvement qui a commencé en 1868 ne fut pas relié, dans l'esprit de ceux qui
l'ont conduit, aux précédents possibles plus ou moins
anciens. En cet ordre d'idées, il y a donc scission à peu
près absolue entre le passé et le présent.

(1) Il importe néanmoins de remarquer que le traité de 1780 n'avait
trait qu'à une guerre déterminée.

(2) Lueder signale également, comme contenant des dispositions humanitaires relatives à la guerre maritime, un traité de mai 1813 entre l'Angleterre et les États-Unis. Le traité de paix étant de mars 1814 il est
également question ici plutôt d'un cartel conclu au cours de la guerre.
Le traité signalé par Lueder n'est pas analysé dans son ouvrage. Voir
le *Recueil des traités des États-Unis,* p. 1220 et 1221 de l'appendice historique ; mesures diverses pour l'adoucissement des rigueurs de la guerre.

2o **Principes de la Convention de Genève. — Intérêt de l'extension aux guerres maritimes.**

### A. — *La Convention de 1864.*

Avant de continuer l'historique au point de vue maritime, il nous paraît utile de résumer les principes qui régissent la protection organisée par le texte de 1864 en faveur des blessés des guerres continentales, l'esprit général des dispositions contenues dans cet acte [1]. Cet aperçu d'ensemble est indispensable, puisque, après tout, les articles de la Convention de Genève ont été, dans la suite, le fondement des projets d'extension à la marine et notamment le point de départ du travail entrepris par la Conférence réunie en 1868 dont nous aurons à étudier l'œuvre.

L'esprit de la Convention de Genève réside dans l'organisation de la protection des blessés militaires ; leur inviolabilité est proclamée et résulte d'un ensemble de règles tendant à assurer le libre fonctionnement des services sanitaires dans l'intérêt des victimes de la guerre. Telle est l'idée première ; elle résume l'œuvre tout entière.

✳

Les blessés des deux belligérants sont, aux termes de la Convention de 1864, respectés au même titre et soignés in-

---

(1) C.-F. Moynier, *Étude sur la Convention de Genève.*

distinctement dans les ambulances et les hôpitaux des deux armées, par le personnel médical (art. 6, Convention de 1864); le renvoi dans leur pays de ceux qui sont reconnus incapables de servir est nettement spécifié; quant aux soldats qui sont susceptibles de redevenir valides, ils peuvent être renvoyés à la condition de ne pas servir pendant la durée de la guerre (L'art. 5 additionnel admet pour ces derniers, et même pour ceux qui sont déjà guéris, l'obligation du renvoi dans leur pays, avec la même réserve de non reprise ultérieure de service). Les évacuations de blessés sont protégées.

Les ambulances et hôpitaux qui font usage d'un signe distinctif (croix rouge sur fond blanc) accompagné du drapeau national sont « reconnus neutres » et doivent être autant que les circonstances le permettent respectés (art. 1er et art. 7, Convention de 1864) : c'est dire qu'il est interdit de commettre contre ces établissements hospitaliers des actes d'hostilité, de les dépouiller à titre définitif de leur matériel ou de changer leur affectation; ceci, bien entendu, à la condition qu'un belligérant ne prétende pas les utiliser en les faisant garder par une force militaire autre qu'un simple poste de police.

Les hôpitaux militaires et leur matériel (hormis les objets appartenant en propre au personnel médical et hospitalier) suivent, en qualité de biens de l'État, les lois de la guerre; l'occupant s'en rend propriétaire par le fait même de sa prise de possession; mais il ne peut en changer la destination hospitalière (art. 4, Convention de 1864). Quant aux ambulances des Sociétés de secours, elles de-

meurent, ainsi que leur matériel, la propriété de ces Sociétés ; ceci résulte du principe du respect de la propriété
privée qui domine la guerre continentale ; mais, la Convention de Genève ne fait pas que le reconnaître ; elle
écarte implicitement le droit de réquisition que l'ennemi
aurait pu, en l'absence d'une disposition précise, appliquer
au matériel de secours.

En ce qui concerne le personnel des médecins, des brancardiers, des aumôniers, il est distingué par un brassard
croix-rouge et il est déclaré « neutre » ; il lui est loisible,
sous l'autorité de l'occupant, de continuer à s'employer
sur place, ou de rejoindre l'armée dont il dépend (art. 2
et 3, Convention de 1864). Dans ce dernier cas, évidemment, toutes les garanties qu'exigent les nécessités de la
guerre quant au moment du départ et à l'itinéraire à
suivre, sont données à l'ennemi occupant (l'art. 1 additionnel précise et complète ce cas particulier).

Enfin des mesures bienveillantes visent les habitants de
la région voisine du combat et les intéressent à prêter leur
concours à l'œuvre d'assistance des victimes de la lutte :
l'art. 5 de la Convention de Genève assure le respect de
leurs personnes et les dispense, lorsqu'ils recueillent des
blessés dans leurs demeures, de fournir des logements
de troupes et de subir une partie des contributions de
guerre (L'art. 4 additionnel atténue d'ailleurs, dans une
certaine mesure, cette disposition et adapte mieux la faveur accordée aux nécessités légitimes et inévitables de
l'état de guerre).

Telles sont, dans leur ensemble, les clauses de la Convention de Genève; nous ne nous étendrons pas davantage sur ce sujet, mais nous aurons à revenir, à propos des articles additionnels concernant la marine, sur les points les plus importants de l'acte de 1864.

Néanmoins, quelques remarques complémentaires nous paraissent indispensables. L'expression « neutre », « neutralité » qui est employée dans les divers articles de la Convention pour spécifier la situation créée en faveur du personnel médical ou de secours et attribuée aux établissements hospitaliers, ainsi qu'à leur matériel, est évidemment défectueuse : c'est là une inexactitude maintes fois relevée (1). Si, à la rigueur, la qualification de « neutres » peut être donnée aux personnes secourant et soignant les blessés, parce que celles-ci ne prennent pas part à la lutte et ne peuvent pas être attaquées, celle de « neutralité » est tout à fait défectueuse quand, comme le fait l'article 1er de la Convention, on l'applique aux hôpitaux ou aux ambulances : la neutralité est la situation subjective d'un territoire qui ne peut être ni conquis par l'ennemi ni occupé; or ici, cela n'est évidemment pas le cas. L'ennemi pourra s'emparer des hôpitaux; il pourra occuper les ambulances privées, voir même y commander dans une certaine mesure. En effet il ne s'agit, en somme, que d'une neutralité d'un carac-

(1) Moynier, *Étude sur la Convention de Genève*, p. 141 et suiv.

tère purement relatif, admise dans l'intérêt des blessés ; il faut l'entendre surtout en ce sens que l'ennemi ne
pourra changer l'affectation des établissements de secours
tant qu'ils contiendront des blessés et qu'il devra respecter leur personnel. Le terme que l'on aurait dû employer est
celui d'inviolabilité. Ceci est important à signaler, surtout
en ce qui concerne l'extension à la marine ; là l'expression
de « neutralité » appliquée dans une convention aux navires
de secours serait particulièrement malheureuse et prêterait à confusion, car les neutres, au sens propre du mot,
nous le verrons, sont admis, plus fréquemment que dans
les combats sur terre, à jouer le rôle de secoureurs.

Autre remarque : la Convention de Genève de 1864,
provoquée par les Sociétés de secours, ne fait aucune allusion à l'existence de celles-ci ni à leur personnel ; ce n'est
là, ni une ingratitude, ni un oubli, et le silence qu'on a
gardé est intentionnel. On pensa, en effet, en 1864 qu'il n'y
avait pas à mentionner dans la Convention, des sociétés
qui ne reçoivent que de la législation intérieure d'un État
une estampille officielle et dont la personnalité n'existe
nullement au point de vue international, mais est confon-
due sous ce rapport dans celle d'un État. Cependant, pour
ce qui est du matériel de ces sociétés, le paragraphe 2 de
l'art. 4 de la Convention reconnaissait, suivant les principes généraux, que l'occupant ne pouvait s'en emparer.
Nous aurons à revenir sur cette question du matériel des
Sociétés de secours à propos des guerres maritimes, et à
rechercher les principes applicables ; nous verrons si,
contrairement à ce qui a été fait en 1864 pour les guerres

continentales, il n'y aurait pas dans une convention visant les combats maritimes, à prévoir d'une manière précise, sinon le rôle des Sociétés de secours, du moins la situation de leurs navires et de leur personnel.

Enfin, pour terminer avec les observations que nous suggère la Convention de Genève, constatons que celle-ci ne pose que des principes généraux et se contente, dans son art. 8, de s'en remettre aux gouvernements respectifs et aux commandants en chef pour régler les détails d'organisation et d'exécution des secours. En cela résident précisément la force et le caractère durable d'une convention de cette sorte. Elle n'est viable qu'à la condition de se limiter à des prévisions d'ordre général. Nous devrons rechercher s'il est possible, en ce qui touche aux combats sur mer, de s'en tenir scrupuleusement à cette idée, étant donnés les nombreux cas qui mettent en jeu des questions fort complexes de droit maritime; nous verrons si, dans une certaine mesure, ils ne doivent pas être prévus dans des articles explicites et détaillés, en un mot si une convention touchant à la marine peut s'accommoder du même laconisme que l'acte de 1864.

B. — *La guerre maritime et le sort*
*des blessés ou des naufragés en l'absence de convention.*

Les principes proclamés par la Convention de Genève ne s'étendent pas aux guerres maritimes. Aucun texte international ne prévoit la protection des victimes des combats sur mer; la question de l'extension à la marine du progrès réalisé en 1864 pour les guerres continentales se présente de nos jours avec un caractère pressant d'actualité en présence des redoutables éventualités de l'avenir.

Pour faire ressortir tout ce que la question a de passionnant, tant au point de vue théorique qu'au point de vue pratique, il nous suffira de montrer, en quelques mots, quels seraient, de par les règles strictes du droit international, en dehors d'une convention spéciale, les effets d'une guerre maritime en ce qui concerne le sort des blessés et des naufragés.

En droit, la protection des victimes de la guerre navale est nulle ; en fait, son étendue, essentiellement variable, serait déterminée par les procédés de haute courtoisie des combattants ; c'est là une garantie malheureusement bien aléatoire. Même chez les peuples civilisés ou dénommés tels, on ne peut guère s'attendre à quelque modération lorsque la passion et la haine sont déchaînées ; les élans généreux et humanitaires sont des manifestations malheureusement exceptionnelles qui créent des trèves imparfaites et sans lendemain.

En l'absence de toute règle protectrice des blessés pendant la bataille, une assistance étrangère, quelle qu'elle soit, est matériellement impossible ; les hommes, mis hors de combat, n'ont d'autre refuge que le poste de secours ou l'infirmerie que contient tout navire de guerre : en effet les embarcations qui tenteraient d'accoster pour prendre à leur bord des blessés seraient exposées au feu de l'ennemi qui pourrait interpréter leur approche comme motivée par une intention hostile. Au cas d'un combat en haute mer, l'absence de secours est particulièremen néfaste et on ne peut se défendre d'un sentiment d'effroi en songeant au destin des blessés demeurant sans soins efficaces, au sort des naufragés, après le combat; le vainqueur tenant la mer, les évacuations que pourrait essayer de faire le vaincu, seraient infailliblement captées par des croiseurs ennemis. Dans une action dont le théâtre serait les eaux territoriales d'un des États belligérants, les secours venus de la côte auraient évidemment des chances de pouvoir s'exercer avec utilité : mais, là encore, il serait fort à craindre que l'œuvre hospitalière fut entravée par la mauvaise volonté ou par l'ignorance de l'un des combattants ; ceci, dans le cas d'un navire désemparé jeté sur la côte ennemie, ou bien même, dans le cas d'un bâtiment sur le point de couler en vue du littoral du même pavillon que le sien et séparé du rivage par un ou plusieurs vaisseaux ennemis.

Les obligations de la neutralité prescrivent aux non-belligérants (États ou particuliers), de s'abstenir de tout acte secourable, même hospitalier, envers les belligérants : les secours ne sauraient être prodigués avec une mesure rigoureusement équivalente aux deux adversaires : aussi, l'un d'eux serait toujours en droit de prétendre que le gouvernement neutre favorise ou permet à ses nationaux de favoriser son ennemi. Recueillir les blessés, sauver les naufragés est, de la part d'une nation, un acte qui, en l'état actuel, revêt nettement le caractère d'une assistance illicite et d'une intervention dans les faits de guerre : une escadre a toujours un intérêt considérable, en vue de la continuation de la lutte et dans un but de mobilité manœuvrière, à s'alléger des impedimenta que sont les blessés. Un accord international peut seul spécifier dans quelle mesure il sera permis aux vaisseaux neutres de faire œuvre hospitalière ou de sauvetage.

De même, une convention entre les États est indispensable pour soustraire à la saisie les navires de commerce de la nationalité d'un des belligérants, qui ont une destination hospitalière : ainsi, par exemple, les navires des Sociétés de secours. Il en est de même pour les convois de matériel sanitaire, de médicaments, etc.

En ce qui concerne le personnel sanitaire, les principes généraux du droit des gens ne les soustraient nullement à la capture de l'ennemi. Le respect de ce personnel dans son action maritime pourra résulter de la générosité de l'ennemi; son inviolabilité ne sera assurée que par une obligation contractuelle internationale.

Ainsi donc, les principes de droit des gens, et, d'autre part, les conditions particulières, les exigences spéciales de la guerre sur mer ne favorisent pas l'organisation d'une protection rationnelle des victimes des combats maritimes. Dans l'intérêt de l'humanité, une réforme de la situation de fait, si déplorable, est à l'heure actuelle, vivement désirable. Les circonstances ne permettront peut-être pas toujours d'y remédier par l'adoption *in extremis* d'un *modus vivendi* qui surprend les services hospitaliers sans préparation suffisante et qui contraint les belligérants à l'improvisation rapide et incomplète d'une organisation qui gagnerait tout à être assurée et mûrie dès le temps de paix.

.L'intérêt que présente la question a considérablement

augmenté à notre époque de mouvement commercial et industriel intensif, de colonisation à outrance poursuivie par tous les grands États. Si les guerres sont moins fréquentes de nos jours, les chances de conflits n'ont pas diminué au seuil du xxᵉ siècle et les conflagrations de l'avenir seront plus horribles et plus sanglantes.

La vie moderne devenant, de plus en plus, une lutte âpre et brutale pour la production, ses incidents ne seront pas toujours pacifiques, si tant est que l'on puisse considérer comme tels cet ensemble de mesures peu amicales auquel les économistes se plaisent à donner le nom de « guerre de tarifs » : surtaxes, primes d'exportation, dénonciations de traités de commerce, droits prohibitifs à l'importation. La guerre proprement dite éclatera trop souvent, malgré les efforts faits pour la conjurer, comme un accident naturel et inévitable de cette perpétuelle concurrence pour l'influence extérieure et pour les débouchés, qui s'étend comme une immense tache d'huile sur tous les points du globe. Les chances de conflits sont plus nombreuses qu'autrefois entre les pays lointains, car les motifs de déclaration de guerre auront fréquemment un caractère purement commercial en même temps qu'une origine souvent lointaine. Enfin le champ de la lutte n'est pas circonscrit comme dans les temps anciens; les guerres seront à la fois continentales et maritimes; plus qu'autrefois il y aura des guerres presque exclusivement maritimes.

La protection des victimes de guerres navales apparaît comme une nécessité impérieuse. Elle s'impose aujourd'hui à l'attention des Gouvernements des États civilisés.

### 3° De 1864, à la réunion de la Conférence de 1868.

A la vérité, lors du travail d'élaboration d'où naquit la Convention de 1864, peu d'esprits songeaient, d'une manière bien nette, à étendre à la marine les bienfaits de la Croix-Rouge. On allait, et cela était sage, au plus pressé. D'ailleurs le germe de la Convention de Genève n'est-il pas dans le livre de Dunant « Souvenir de Solférino » qui dépeint uniquement le sort des blessés des champs de bataille ?

Aussi bien, quand la Société génevoise d'utilité publique, qui avait entrepris les travaux préliminaires, lança des convocations en vue de la Conférence internationale qui devait se tenir le **26** octobre 1863, n'était-il question que des « armées en campagne » [1]. Ainsi s'exprimait l'article **1** du projet de concordat annexé à la circulaire de convocation; il y était fait mention des hôpitaux, des infirmiers ou secoureurs volontaires devant marcher à la suite des armées, etc..... mais nullement de ce qui pouvait concerner les guerres maritimes [2].

La Conférence internationale de 1863 adopta des réso-

(1) *Actes du comité international*, Genève, 1871. — *Compte rendu de la Conférence internationale*, p. 1 et s.

(2) Palasciano qui, le premier, à Genève, en 1861, parla de la neutralisation des blessés ne fait pas allusion non plus à ceux des guerres maritimes. Il pose, il est vrai, un principe général.

lutions et des vœux dans lesquels aucune allusion n'était faite à des combats sur mer. Elle donna mission à la Commission de Genève qu'elle érigea en Comité international, de poursuivre l'œuvre commencée et d'agir auprès des Gouvernements pour les amener à transformer en règles internationales les vœux précédemment émis : les négociations furent dirigées par le Comité avec célérité et les Gouvernements adhérèrent à l'idée d'un Congrès diplomatique.

Convoqués par les soins du Conseil fédéral suisse, les délégués des États européens et américains furent guidés dans leurs délibérations, qui commencèrent le 8 août 1864, par un projet de Convention rédigé par le Comité international de Genève. L'art. 11 et dernier du projet portait que « des stipulations analogues à celles (concernant les bles- « sés des guerres continentales) qui précèdent, pourront « faire l'objet d'une convention ultérieure entre les puis- « sances intéressées au sujet des guerres maritimes »[1]. Le Comité international tenait donc à poser le principe de l'extension future, mais reconnaissait implicitement que la question, insuffisamment étudiée encore, ne réunissait pas de chances d'être immédiatement résolue. L'art. 11 était une simple vue sur l'avenir [2]. Il nous semble que l'expression, quoique forcément modeste, en était heureuse et opportune. A notre avis, la Conférence ne se serait pas engagée outre mesure par le vote de cet article annonçant la

[1] *Protocole de la Conférence internationale*, annexe A. — *Annexe du Comité international*, p. 39 et suiv.

[2] Moynier et Appia, *La guerre et la charité*, 1867, p. 361.

possibilité de contrats internationaux ultérieurs ; elle se serait, dans le cas particulier, livrée à une manifestation utile.

M. le docteur Leroy-Méricourt déposa sur le bureau de la Conférence une lettre relative à la teneur de l'article 11 du projet [1] ; son désir était de voir la question de l'extension aux guerres maritimes dès lors tranchée et de faire voter par l'Assemblée des dispositions précises dans cet ordre d'idées. Mais, la majorité ne suivit pas M. le docteur Leroy-Méricourt sur ce terrain, et il fut passé à l'ordre du jour sur l'incident soulevé ; sa lettre fut mise « ad acta » et l'article 11 purement et simplement supprimé. On peut le regretter. Mais, certains des plénipotentiaires présents estimèrent que la question de l'application aux guerres maritimes des principes que l'on venait de voter ne rentrait pas dans les limites du programme des discussions de l'assemblée ; d'autres pensèrent, sans doute, que les pouvoirs qu'ils avaient reçus de leurs Gouvernements n'étaient pas suffisamment étendus et furent retenus par la crainte, d'ailleurs légitime, de prendre des engagements imprudents qui n'auraient pas été ratifiés.

La Convention de 1864, qui ne s'applique pas aux guerres maritimes, ne contient donc même pas une allusion à celles-ci : elle se borne, comme l'indique son nom, à assurer « l'amélioration du sort des militaires blessés « dans les armées en campagne » [2].

---

[1] *Protocole de la Conférence internationale pour la neutralisation du service de santé militaire en campagne*, p. 28.

[2] *Protocole de la Conférence*, annexe B. — *Actes du Comité international*, p. 50.

❀

L'expérience de la guerre austro-prussienne de 1866 montra certaines imperfections des dispositions contenues dans le texte de 1864 ; de plus, l'action des Sociétés privées de secours, notamment de la Société française de secours aux blessés militaires des armées de terre et de mer tendit à une réforme de la Convention de Genève [1]; enfin, le combat naval de Lissa de 1866 qui se produisit, à la même époque, entre les flottes autrichienne et italienne et spécialement l'épisode de la lutte du *Ferdinand Max* contre le *Ré d'Italia* provoqua parmi les nations civilisées, une impression profonde de stupeur, un sentiment unanime de réprobation : il apparut que des centaines d'hommes noyés au cours de ce combat auraient été facilement sauvés si une règle protectrice avait existé : en l'absence de celle-ci, les navires qui s'avancèrent pour sauver les existences en danger durent se retirer devant le feu foudroyant de l'ennemi qui ne comprenait pas leur mission de sauvetage [2].

Le Comité génevois émit, dans une lettre adressée, en septembre 1866, au Président du Comité central français, l'idée d'une conférence internationale qui se tiendrait à

[1] Lueder, *La Convention de Genève*, p. 188.

[2] *The Red Cross Alliance at Sea,* par S. H. Ferguson. — 1re partie, introduction. — Moynier et Appia, *La guerre et la charité*, p. 362. Autre exemple : combat du 10 juin 1865 entre des navires du Paraguay et des vaisseaux Brésiliens. Larrey, I, p. 183. — Autre exemple : navire français contenant des approvisionnements pour le service sanitaire, saisi dans sa traversée vers l'Égypte (lors de la campagne d'Égypte).

Paris à l'occasion de l'Exposition de 1867. Une commission provisoire réunie à Paris s'occupa des préparatifs de
la réunion. Pendant ce temps, le Comité international de
Genève réunissait les éléments du travail : dix-sept questions furent rédigées qui devaient être présentées à l'examen de la Conférence [1]. Parmi celles ainsi posées figurait
bien l'idée de l'opportunité de la rédaction de nouveaux
articles à ajouter à ceux de 1864 qui devaient eux-mêmes
être modifiés ; mais aucune des dix-sept questions ne visait,
d'une manière formelle et directe, l'extension possible à la
marine [2].

Le « projet des modifications jugées nécessaires en 1867
« à la Convention de Genève du 22 août 1864 » arrêté par
la Commission préparatoire, sur la proposition et après le
rapport de M. le Baron de Mundy, fut adopté par l'assemblée générale des délégués des Sociétés de secours en
juin 1867. Il contient des dispositions communes aux blessés
des armées et des flottes de guerre ; les membres des Sociétés de secours aux militaires blessés des armées de terre
et de mer sont déclarés neutres ainsi que le matériel par
l'art. 4 du projet [3]. Ce texte est le premier embryon d'une
loi écrite en faveur des victimes des guerres maritimes.

La Conférence internationale qui tint ses séances à Paris, du 26 au 31 août 1867, discuta sur le projet et sur
les conclusions du rapport de M. le baron de Mundy ; aux
dix-sept questions auxquelles nous avons fait allusion plus

(1) *Conférences internationales,* p. 9.
(2) Lueder, *La Convention de Genève,* p. 126.
(3) *Conférences internationales,* p. 43.

haut, il en fut adjoint plusieurs autres, notamment une ainsi conçue : « que réclament les intérêts de la marine « dans les questions précédentes? » [1].

La préoccupation nouvelle de l'organisation des secours sur mer s'affirma, d'une manière plus nette encore, par la nomination, au sein de l'assemblée, d'une commission spéciale chargée d'étudier les modifications à apporter au texte de 1864 pour l'application à la marine [2].

L'assemblée internationale de 1867 vota, à titre de vœu, un texte [3] qui, sans transformer d'une manière profonde celui de 1864, apporte à la teneur de ses articles, dont l'ordre et le nombre furent maintenus, des modifications assez sensibles. La principale est, sans contredit, l'extension à la marine [4] : elle est consacrée par les différents articles qui assimilent les dispositions relatives aux guerres sur mer et sur terre ; aucune clause ne vise, plus spécialement, les combats navals. Le personnel maritime de sauvetage est neutralisé au même titre que celui des hôpitaux ; le navire de secours est assimilé à l'ambulance du champ de bataille et son inviolabilité est assurée grâce au même pavillon.

Ces quelques indications suffisent pour faire ressòrtir l'insuffisance des dispositions relatives à la marine. A vrai dire les vœux de 1867 posaient simplement la question et

(1) *Conférences internationales,* p. 150 et 181. — Lueder, *La Convention de Genève,* p. 147.

(2) *Conférences internationales,* p. 21.

(3) *Conférences internationales,* II, p. 141 à 144. — Moynier, *Étude sur la Convention de Genève,* p. 116 et suiv.

(4) *Conférences internationales,* p. 46 et suiv.

indiquaient le but à atteindre ; les difficultés, si nombreuses dans l'application, demeuraient sans solution.

L'assemblée de 1867, tout en demeurant dans une prudente réserve, fit cependant œuvre utile en proclamant des principes dont la réalisation et la codification définitives étaient réclamées par toutes les Sociétés de secours. La question de l'activité maritime de la Croix-Rouge n'était pas assez étudiée ; la Conférence de Paris resta dans son rôle en assimilant, dans ses vœux, les mesures concernant les secours sur terre et sur mer. Chacun comprit que seule une assemblée de diplomates posséderait l'autorité nécessaire pour proposer à la ratification des Gouvernements un ensemble de dispositions nouvelles, spéciales à la marine.

❈

Comme en 1863, le but fut, en 1867 de faire voter par une Conférence officielle, un texte rédigé dans l'esprit des vœux émis ; les Comités centraux agirent dans ce sens et le mouvement fut dirigé par le Comité international de Genève auquel, d'un accord unanime et tacite, le principal rôle incombait. Des démarches incessantes furent faites par le Comité central français dès la clôture de la Conférence de Paris. Poussé par le Comité de Rome, le Gouvernement italien, dès le mois d'août 1867, adressa au Conseil fédéral l'expression de son désir de voir se réunir un Congrès de plénipotentiaires ; l'exposé faisait nettement ressortir la nécessité de l'extension aux guerres navales de la législation conventionnelle antérieure.

Le Conseil fédéral s'assura le concours de divers Gouvernements par des négociations préliminaires d'un caractère plutôt officieux; des échanges de vue qui se produisirent alors, il ressortit nettement que les États signataires de l'acte de 1864 étaient disposés à accepter une refonte du texte primitif et se montraient favorables à l'idée de l'application des dispositions humanitaires aux guerres maritimes.

Enfin, le 12 août 1868, fut lancée de Berne, au nom du Conseil fédéral, une circulaire adressée aux États signataires de la Convention de Genève. Ce document débute en proclamant que les principes de 1864 font partie intégrante du droit public européen, mais ajoute que les expériences récentes ont montré la nécessité de compléter sur certains points le texte primitif; enfin, et c'est là pour nous l'essentiel, la Circulaire fédérale, après avoir fait allusion à l'initiative prise en 1867 par le Gouvernement italien, déclare utile de prévoir au programme éventuel de la Conférence diplomatique, la question de l'application sur mer des principes établis pour la guerre continentale en vue de la protection des blessés.

Comme suite et comme complément à la circulaire dont nous venons d'indiquer l'esprit, le Comité international rédigea une sorte de table analytique des matières qui devaient probablement venir en discussion devant l'Assemblée; l' « Énoncé de quelques idées à examiner à l'occa- « sion de la révision de la Convention internationale du 22 « août 1864 soumis par le Comité international à la Con- « férence diplomatique de Genève en octobre 1868 », con-

tenait un article, le douzième, ainsi conçu : « Étendre aux
« forces navales les principes de la Convention, relatifs
« aux armées de terre ».

Ainsi donc, la question se présentait au moment de l'ouverture de la Conférence de 1868, avec une netteté que,
jusqu'alors, elle n'avait pas connue.

# CHAPITRE II

LA CONFÉRENCE DE GENÈVE DE 1868 ET LES ARTICLES
ADDITIONNELS CONCERNANT LA MARINE

---

1° Immunités accordées aux différentes catégories de navires
   sauveteurs et sanitaires.
2° Signe distinctif des navires de secours.
3° Condition des blessés, des malades et des naufragés.
4° Protection du personnel médical, hospitalier et religieux.
5° Présomption de violation établie par l'art. 14 additionnel.

---

M. le général Dufour, élu président de la Conférence
de Genève de 1868, fit apparaître, dans son discours d'ouverture de la séance du 5 octobre, quel en était le double
but [1] : d'une part, l'extension à la marine, et de l'autre
l'éclaircissement et le développement du texte de 1864
dans le sens des vœux formulés en 1867 à Paris. Il fit ressortir que l'acte diplomatique de 1864 était né des travaux

---

[1] *Procès-verbal de la Conférence internationale de 1868*, p. 3.

d'assemblées analogues à celle qui était alors réunie.

Mais quelle devait être maintenant la tâche de la Conférence? Le Comité international n'avait pas voulu préjuger la question de savoir s'il fallait procéder par la révision du texte primitif ou par des additions à ce texte. C'est pourquoi il s'était arrêté à la rédaction d'une douzaine d'articles formant un programme des sujets à traiter, sans élaborer un projet de texte quelconque conçu sous la forme d'articles.

Le débat s'engagea immédiatement sur le terrain de la procédure à suivre. M. le lieutenant-colonel Staaf se prononça pour l'élaboration de clauses additionnelles (1), et montra les inconvénients d'une refonte complète tout en se défendant d'accuser de stérilité le travail de la Conférence de Paris qui constituait un avant-projet de la Convention nouvelle : à son avis, il était possible d'y puiser de bons éléments pour la confection d'un ensemble d'articles additionnels dont les uns s'ajouteraient au texte de 1864 et dont les autres viseraient spécialement la marine.

Dans le même sens se déclara aussi, mais moins nettement, le délégué français, M. le contre-amiral Coupvent des Bois, quand, lors d'une discussion sur une autre question (celle des pouvoirs des membres de la Conférence) il déclara ne pas avoir reçu du Gouvernement impérial des pouvoirs suffisants pour demander la révision de la Convention.

(1) *Procès-verbal de la Conférence internationale de 1868,* p. 5.

M. de Mundy s'attacha à démontrer que la Convention
de Genève n'était pas assez pratique et parla en faveur
d'une refonte de l'acte de 1864; il s'appuyait notamment
sur ce fait que la Conférence de Paris en avait demandé la
révision. En ce qui concerne la marine, il doutait qu'il fût
facile de réglementer l'extension et d'en assurer l'application pratique.

Cette discussion qui s'ouvrit lors de la première séance
portait évidemment sur la détermination de l'œuvre à accomplir par la Conférence, aussi bien pour les guerres
continentales que pour les guerres maritimes. Mais, sans
parti pris aucun, il est hors de doute que la question avait
une importance plus considérable, envisagée sous son
second aspect. Si elle avait été tranchée dans le sens de la
refonte du texte de 1864, la Conférence de 1868 se serait
peut-être résolu à rédiger des vœux analogues à ceux de
la Conférence de Paris qui visent, dans un même ensemble
d'articles, la protection des blessés des armées de terre et
de mer. Cette solution eût été déplorable au point de vue
qui nous intéresse.

Le texte ainsi rédigé, comprenant des matières fort
différentes quand on les envisage dans le détail, aurait
certainement donné des solutions trop générales et n'aurait
pas prévu avec assez de précision les difficultés inhérentes
à l'application de la protection des blessés aux guerres
navales.

L'assemblée de 1868 décida donc très heureusement, à
notre avis, que le projet qu'il présenterait à la ratification
ultérieure des Gouvernements affecterait la forme d'arti-

cles additionnels, dont certains seraient spéciaux à la marine [1].

Des votes de la Conférence déterminèrent lesquelles des douze questions proposées seraient retenues au programme et mises à l'étude. La douzième, celle de l'extension à la marine, fut inscrite à l'ordre du jour, à l'unanimité des membres présents.

La Commission de la marine, choisie au sein de l'assemblée, reçut la mission de préparer un projet d'articles additionnels spéciaux [2].

Son rapporteur, M. le contre-amiral Coupvent des Bois, indiqua, dans la séance du 10 octobre, les principes généraux qui avaient guidé les travaux de la Commission [3]; les voici résumés en quelques mots : neutralité du personnel, des navires hôpitaux militaires, des bâtiments de commerce et autres évacuant des blessés ou même sauvant les naufragés au milieu du combat; conciliation dans la mesure du possible des principes ci-dessus énoncés avec les exigences de la lutte et la liberté des opérations militaires.

L'avant-projet de la Commission de la marine fut adopté après quelques modifications par l'assemblée, qui décida de procéder à un vote par article, contrairement à la proposition de M. de Mundy qui en souhaitait l'adoption en bloc, par acclamation.

(1) Moynier, *Étude*, p. 248.
(2) *Procès-verbal de la Conférence de 1868*, p. 20.
(3) *Procès-verbal de la Conférence de 1868*, p. 30.

❋

Les dispositions votées en 1868 concernant la marine sont contenues dans les art. 6 à 13 inclus du « Projet d'ar-« ticles additionnels à la Convention des 22 août 1868 pour « l'amélioration du sort des militaires blessés dans les « armées en campagne, signé par la Conférence interna-« tionale de Genève le 20 octobre 1868 » [1]. Nous allons les étudier.

### 1º Immunités accordées aux différentes catégories de navires sauveteurs et sanitaires.

En ce qui concerne, tout d'abord, le degré de l'immunité accordée aux navires dans leur œuvre de sauvetage des naufragés ou de transport des blessés, il faut distinguer suivant la qualité même des différents vaisseaux.

### A. — *Bâtiments hôpitaux militaires.*

Pour ce qui est des bâtiments hôpitaux militaires, c'est-à-dire de ceux qui sont la propriété de l'État et font corps avec les équipages de la flotte, remarquons avant tout que

(1) *Procès-verbal de la Conférence de 1868.* — Appendice contenant les propositions de la Commission maritime et le texte définitif du projet d'articles additionnels concernant la marine.

l'assimilation aux hôpitaux militaires continentaux serait leur neutralisation, au sens donné à ce mot en 1864, mais autoriserait aussi leur prise par l'ennemi à la condition de n'en pas changer l'affectation.

La Commission de la marine, dans son projet, avait admis pour ces navires une solution plus favorable que la précédente : l'art. 6 du projet les couvrait d'une neutralité qui s'étendait au matériel; elle était d'ailleurs admise à la condition seulement que le navire en question ne possédât que la force militaire strictement suffisante pour les besoins de la police intérieure et ne contint ni munitions de guerre, ni matériel de ravitaillement; une autre condition de leur neutralité était spécifiée dans l'art. 9 : la présence à bord de blessés ou de malades étrangers à l'équipage. Dans le cas contraire, la situation juridique internationale du navire rentrait dans le droit commun, et celui-ci, dénué de tout privilège, pouvait être saisi par l'ennemi comme une bonne prise.

Cette mesure favorable de la neutralité au matériel concédée aux navires hôpitaux militaires souleva de vives objections de la part de plusieurs Gouvernements auxquels le projet d'articles additionnels avait été officieusement communiqué avant le vote de la Conférence [1]. Ils craignirent qu'elle ne provoquât des abus sous couleur d'humanité; ils firent remarquer qu'elle permettrait de soustraire momentanément des valeurs considérables aux chances de la guerre. En effet, dit-on assez justement, un

(1) Moynier, *Étude*, p. 257.

Gouvernement peu scrupuleux ne pourrait-il, suivant ses besoins et son intérêt immédiats, transformer successivement le même navire en vaisseau de guerre, puis en hôpital maritime? C'est pourquoi la Commission maritime crut devoir dans la sixième séance solliciter de l'assemblée un sursis [1]. Il fut accordé. La Commission reprit alors son travail et fit subir à son projet primitif des modifications de nature à concilier les exigences des Gouvernements avec le progrès à réaliser.

A la séance suivante de la Conférence, le nouveau projet de la Commission de la marine fut présenté par M. le contre-amiral Coupvent des Bois, qui, en sa qualité de rapporteur, exposa les motifs des changements apportés au premier texte. L'art. 6 nouveau ne contient plus la clause spéciale de neutralité concernant les navires hôpitaux militaires et l'art. 9 admet que ceux-ci demeurent soumis aux lois de la guerre au point de vue du matériel; ainsi, les dispositions du nouveau projet, qui furent adoptées par la Conférence, donnèrent plus de garanties aux Gouvernements qui avaient manifesté la crainte de voir des abus se commettre sous le couvert d'une règle trop bienveillante, mais diminuèrent sensiblement le caractère très libéral que la Commission avait tenu à imprimer à sa rédaction primitive. Cependant, si l'on admit que le navire hôpital suivait le sort de la guerre et pouvait, au point de vue de la propriété, changer de mains au profit du capteur, on édicta dans le nouvel article additionnel que le

(1) *Procès-verbal du Congrès de 1868*, p. 38.

navire en question ne pourrait être détourné de son affectation hospitalière avant la fin de la guerre. C'est en
définitive l'assimilation aussi complète que possible des
navires hôpitaux aux établissements hospitaliers continentaux de l'État. Mais l'appropriation du navire hôpital
paraît produire des conséquences plus complètes que
celle de l'hôpital militaire qui, elle, prend fin lors de la
cessation de l'occupation; la question n'a pas été formel-
lement tranchée, mais il semble bien que la capture du
vaisseau hôpital devait être définitive; il n'a jamais été
prévu que l'on put établir le principe de la restitution lors
de la conclusion de la paix.

Cette mesure prise par l'art. 6 nouveau, nous l'avons
dit, était devenue inévitable en raison des craintes d'abus
possibles. Mais il est hors de doute que la résolution prise
n'est pas sans inconvénients. Les bâtiments hôpitaux militaires font partie intégrante de la flotte : ils l'accompa-
gnent ou, sur l'ordre de l'amiral, suivent un itinéraire déterminé pour aller opérer leur jonction avec l'escadre à
une destination prévue; mais, en principe, ils doivent être
à la disposition de la force navale à laquelle ils sont attachés administrativement. Or, il est regrettable de permettre à l'ennemi de s'emparer d'un navire de la part duquel
il n'y aura en général aucune fraude à redouter en ce qui
concerne l'affectation spéciale au service hospitalier; tel,
par exemple, le cas d'un navire qui a toujours été désigné
dans les plans de mobilisation, par le belligérant qui le
possède, comme navire hôpital; ou bien, cet autre cas où
il résulte du genre même de construction du navire qu'il

est impropre au combat. Cependant, en vertu des articles additionnels de 1868, un tel navire sera de bonne prise et il en résultera qu'une flotte qui légitimement devrait pouvoir compter sur ses services éventuels, s'en trouvera dépourvue. Il lui restera bien, objectera-t-on, les navires hospitaliers des Sociétés de secours, mais c'est là une ressource qui, dans certains cas surtout, sera insuffisante et aléatoire. Ajoutons que le navire hôpital militaire, par cela même qu'il est susceptible d'être capturé, perd une partie de son utilité : il peut devenir, dans certaines circonstances critiques un véritable impedimentum et dans tous les cas, la crainte qu'aura son capitaine de le voir saisi par un vaisseau ennemi, l'entravera, dans son œuvre d'assistance, le tiendra éloigné, à certains moments, des eaux où la présence d'un secours serait opportune.

En 1868, on a voulu courir au plus pressé; l'art. 9 additionnel est imparfait. Nous rechercherons plus tard s'il n'est pas possible de trouver un système qui tout en donnant, dans les nécessités de la lutte, les garanties désirables aux belligérants, assurerait une protection plus efficace des blessés et naufragés.

### B. — *Les embarcations de l'art. 6 additionnel.*

L'art. 6 additionnel assure aux « embarcations » recueillant pendant ou après le combat, des naufragés ou des blessés, une complète immunité dans l'accomplissement de leur mission; c'est une assimilation absolue aux secours dans les guerres continentales; ces embarcations, qui agiront d'ailleurs, dans la mesure où le leur permettront les circonstances et l'humanité des combattants, auront le même rôle que les ambulances volantes, les sections de brancardiers en campagne.

Cette disposition de l'art. 6 des articles additionnels dont le germe est dans l'art. 1 du texte adopté à titre de vœu à Paris en 1867, est une innovation des plus heureuses : elle ouvre très large la porte à une action bienfaisante s'exerçant au milieu même du combat, tout en maintenant les limitations que les nécessités de la lutte exigeraient. En ce qui concerne le matériel de ces embarcations, il semble bien qu'il résulte du texte, une exemption absolue de capture, au moins durant l'opération du sauvetage. C'est d'ailleurs ce qu'affirma le rapporteur de la Commission de la marine, qui montra que les armées de mer et de terre étaient, à cet égard, placées sur le même pied. Quelle peut être maintenant l'efficacité de ces secours [1]? Elle sera évidemment très variable suivant la position respective et le nombre des navires en lutte, suivant les manœuvres des flottes, les évolutions des vaisseaux, la violence du combat. Mais il est incontestable que si l'immunité, reconnue en principe à ces embarcations-ambulances est à peu près illimitée, dans la pratique elle pourra se trouver fort compromise par suite des phases de la bataille navale. Cependant, à notre avis, les membres de la Conférence ont eu raison de poser cette règle : une Convention de cette nature doit contenir dans ses prévisions toutes les situations qui peuvent se présenter.

[1] Moynier, *Étude,* p. 253.

C. — *Les navires équipés par les Sociétés de la Croix-Rouge.*

Nous avons dit plus haut que la Convention de 1864 ne mentionnait ni l'existence ni le rôle des Sociétés de la Croix-Rouge; nous avons expliqué les raisons de ce mutisme. Mais, en matière de guerre maritime, l'omission de dispositions conventionnelles eût été déplorable et eût certainement entravé l'essor des Sociétés de secours sur mer. En effet, le droit international maritime admet, sinon la légitimité au point de vue théorique, du moins la validité, au point de vue pratique, de la capture de la propriété privée ennemie sur mer. Il était donc indispensable de soustraire au droit de prise les navires hospitaliers équipés aux frais des Sociétés de secours : c'est ce que fit l'art. 13 additionnel; c'est ce qu'avait fait également, mais en termes moins précis, l'art. 4 des vœux de 1867. Cette idée qu'il importait de prévoir la condition des Sociétés de secours sur mer, dans l'acte qui devait sortir des délibérations de la Conférence de 1868, avait été exprimée dans l'Énoncé en douze questions du Comité international.

L'art. 13 additionnel assure donc la neutralité des navires hospitaliers des Sociétés de secours, celle de leur matériel et de leur personnel; mais à cette neutralité, des conditions d'ailleurs très légitimes sont imposées : obtention d'une commission du souverain autorisant l'armement du navire et délivrance d'un document émané de l'autorité maritime constatant son contrôle pendant l'armement, le départ, et l'appropriation matérielle à la mission hospita-

C.                                                                      4

lière. Ainsi, l'assistance des Sociétés de la Croix-Rouge est prévue sur mer et réglementée dans l'Acte de 1868, alors que rien n'est dit de ces sociétés pour les guerres continentales : ce résultat peut paraître étrange [1], mais nous avons indiqué les motifs pour lesquels il devait en être ainsi.

Dans les Guerres sur terre la propriété privée est respectée : les Sociétés de secours puisent dans ce principe les garanties les plus sérieuses. Sur mer il n'en va pas de même. Aussi n'y a-t-il rien de choquant à voir les articles additionnels prévoir le cas des sociétés hospitalières ; il s'agissait surtout d'établir sur mer, en faveur des navires équipés par les associations hospitalières, en même temps que leur inviolabilité, une dérogation aux principes et aux lois de la guerre sur mer, quant à la propriété privée. Ajoutons que l'article 13 reconnaît aux belligérants, en dehors du droit de réglementation et de contrôle de chaque État sur les Sociétés de secours de sa nationalité, un droit spécial de visite sur les ambulances navales étrangères ; suivant les circonstances, les belligérants pourront prescrire aux navires Croix-Rouge de s'éloigner, d'attendre des délais déterminés ou de suivre certaines routes.

D. — *Navires de commerce faisant acte de sauvetage. — Vaisseaux de la nationalité de l'un des belligérants ou vaisseaux de nationalité neutre.*

Il nous reste à examiner le cas des navires de commerce tant de la nationalité d'un des belligérants que de celle

[1] Moynier, *Étude*, p. 266.

d'un État neutre transportant des blessés ou recueillant des naufragés à la suite d'un combat naval. L'article 10 additionnel prévoit leur cas et, dans une même disposition, se prononce sur deux ordres d'idées très différents [1].

Et d'abord, prenons le cas d'un navire de commerce de la nationalité d'un des belligérants et supposons qu'il ne soit affecté à aucune des Sociétés de secours reconnues, car sans cela nous rentrerions dans un ordre d'idées déjà étudié. Ce navire de commerce peut être de passage dans les eaux des flottes belligérantes au moment du combat, et stationner pour recueillir des naufragés qu'il hisse à bord ; ou bien, il a recueilli des blessés qui lui ont été remis par une des embarcations visées dans l'article 6 ou par un des bâtiments d'une des flottes. D'après les principes généraux du droit maritime en temps de guerre, ce navire est, pour le moins, sujet à la capture par l'ennemi, et, même en l'absence d'une disposition conventionnelle favorable, sans le considérer comme un corsaire, puisqu'il n'y a pas acte d'hostilité, on pourrait l'accuser légitimement de rendre des services directs à la flotte de son pays en une autre qualité que celle d'auxiliaire de l'armée navale [2] ; ceci surtout dans le cas où il l'aurait débarrassée

(1) Moynier, *Étude*, p. 259.

(2) En effet, si l'on admet la possibilité de l'existence d'une marine volontaire encore faut-il que l'intervention de celle-ci soit officiellement agréée par l'État qui en bénéficie. C'est ainsi qu'en 1870, l'Allemagne pût légitimement, à notre avis, accepter les services d'une marine auxiliaire Mais, d'après les principes généraux du droit des gens maritime, tout acte individuel favorable à l'un des belligérants et par là même hostile à son adversaire, n'en demeure pas moins proscrit.

des impedimenta encombrants et démoralisants que sont des blessés à bord d'un navire de guerre.

L'article 10 établit le principe très favorable de la neutralité en faveur des navires dont nous étudions le cas : ils sont soustraits à la capture et peuvent accomplir librement, sans crainte d'être inquiétés, leur œuvre humanitaire. Mais, des garanties sont données aux belligérants : ils peuvent visiter le navire (nous verrons plus loin quels seront les effets de cette visite au point de vue du sort des naufragés ou des blessés, présents à bord, pour le reste de la guerre); ils ont la faculté de faire monter à bord un commissaire pour surveiller la bonne foi de l'opération. Enfin, la neutralité est restreinte au navire et ne s'étend pas à la cargaison qu'il pourrait contenir, dans le cas où celle-ci serait susceptible de confiscation : ainsi, dans notre cas, la propriété ennemie, située sous pavillon ennemi. D'autres garanties sont spécifiées dans l'intérêt des opérations militaires; les belligérants, dans l'espèce celui de la nationalité adverse, ont le droit d'imposer certaines prescriptions au navire de commerce hospitalier : interdiction de communication, éloignement momentané de certaines eaux, indication d'une route à suivre de manière à ne pouvoir, par le seul fait du passage ou de la présence, renseigner l'ennemi.

En ce qui concerne le navire de commerce d'une nation « neutre » au sens vrai du mot, accomplissant la même œuvre de sauvetage, l'art. 10 établit la même « neutralité » au sens particulier donné à l'expression en matière de protection des victimes de la guerre. En l'absence de cette disposition favorable, il eut fallu décider que le navire de commerce neutre prêtait une assistance illicite au belligérant en contribuant au sauvetage de ses naufragés ou au transport de ses blessés. Et alors, ce navire devenait sujet à capture avec toute sa cargaison. Ainsi donc, l'art. 10 additionnel écarte l'idée du secours prêté, d'autant plus que le navire de commerce dont nous étudions le cas aura sans doute assisté au même titre toutes les victimes de la lutte, aussi bien celles de l'une que de l'autre des deux flottes. Les dispositions accessoires sont les mêmes ici que pour le navire de commerce d'une nationalité belligérante : nous l'avons dit, l'art. 10 assimile entièrement les deux cas.

Telle est la législation des articles additionnels en ce qui touche à la condition et au sort des divers navires prêtant leur concours aux victimes de la lutte.

## 2o Signe distinctif des navires de secours.

L'art. 12 pour les navires hôpitaux militaires ou embarcations quelconques faisant œuvre humanitaire sur mer en cas de guerre, l'art. 13 pour les navires sanitaires équipés aux frais des Sociétés de secours, prévoient et déterminent les signes apparents distinctifs qui désignent les vaisseaux hospitaliers au respect des navires de guerre.

Le pavillon national (belligérant ou neutre) sera accompagné du pavillon blanc à croix rouge : cette règle est générale ; c'est d'ailleurs l'application de ce que prescrit la Convention de Genève pour les hôpitaux ou les ambulances continentales. Une peinture extérieure blanche avec batterie verte désignera les bâtiments hôpitaux militaires ; une peinture blanche avec batterie rouge sera le signe particulier des navires hospitaliers des Sociétés de secours.

### 3° Condition des blessés, des malades et des naufragés.

Quelles sont maintenant les dispositions des articles additionnels touchant la situation des blessés et naufragés, recueillis et transportés?

L'art. 11 additionnel édicte une protection générale en leur faveur, en ce sens qu'il établit l'obligation du capteur de soigner les marins et militaires embarqués, blessés ou malades et de veiller sur leur entretien. Quant au rapatriement le § 2 du même article prononce l'assimilation aux mesures que les articles additionnels organisent pour la guerre continentale : c'est le principe non pas de la neutralité des blessés qui n'a jamais été admis, malgré les vœux répétés de 1863 et de 1867 (car il serait inconciliable avec les nécessités de la guerre et avec le droit légitime des belligérants de faire prisonniers des blessés qui pour-

raient ensuite rentrer dans les rangs des combattants)...
c'est le principe du renvoi des blessés et malades dans
leur pays : la Convention de 1864 admettait un rapatriement facultatif dans son art. 6. En 1868, l'art. 5 additionnel édicta l'obligation du renvoi des militaires blessés,
grièvement ou non, des guerres continentales ou maritimes; le rapatriement est obligatoire même en faveur de
ceux qui seraient encore physiquement capables de servir
(sauf certaines exceptions, notamment dans le cas des officiers dont la présence importerait au sort des armes).
Enfin, en ce qui concerne le rapatriement des blessés
aussitôt après le combat, après entente entre les amiraux,
il est possible, aux termes de l'art. 11 additionnel qui renvoie à l'art. 6 sans faire de restrictions; mais à la suite
d'un engagement naval, ce renvoi immédiat ne serait
guère pratique en raison de l'encombrement des différents
navires, des difficultés que présenterait un échange général des blessés des deux nationalités, des fatigues que des
transbordements successifs infligeraient aux malheureux
blessés. La garantie très équitable donnée au capteur dans
le cas qui nous occupe comme contre-partie de la protection accordée aux blessés ou malades est l'obligation qui
leur est imposée une fois rapatriés, de ne plus reprendre
de service dans leur pays.

L'article 11 additionnel qui détermine la situation des
blessés et malades capturés et qui assure leur protection,
ne s'applique pas aux naufragés : les naufragés capturés
sont des prisonniers; leur sort est donc bien moins favorable. Leur rapatriement n'est pas assuré et dépendra du

bon vouloir du vainqueur qui exigera naturellement, quand il l'accordera, la promesse de ne plus servir.

L'article 6 additionnel vise les naufragés en même temps que les blessés et spécifie que ceux qui auront été recucillis par des embarcations pendant et après le combat, ne pourront plus servir pendant la durée de la guerre : ces embarcations, nous l'avons vu, sont des canots des flottes ou d'autres petits vaisseaux qui font une œuvre de sauvetage sous la sauvegarde des combattants.

En ce qui concerne les naufragés, quel est donc le motif d'une règle si rigoureuse pour les belligérants et aussi pour le patriotisme des matelots et marins sauvés? Dans la guerre continentale, rien de pareil ne se produira : des hommes valides ne figureront pas ainsi à la suite des combattants sans pouvoir prendre les armes. Pour les naufragés, l'article 6 ne peut s'expliquer qu'ainsi : sur mer, les articles additionnels admettent le sauvetage des naufragés au même titre que celui des blessés, sur le théâtre même du combat. Les belligérants consentent à ne pas laisser périr les matelots ou marins ennemis tombés à la mer, à les sauver, ou à tolérer leur sauvetage; mais les belligérants ne peuvent admettre qu'il en résultera un dommage pour eux : et c'en serait un que le fait de la réintégration, dans les effectifs ennemis, des naufragés recueillis. On peut, en somme, assimiler très rationnellement les naufragés à des hommes qui, en l'absence de protection seraient ou prisonniers ou morts. Là est la véritable raison de la disposition de l'art. 6 additionnel qui prive les naufragés du droit de reprendre du service.

Pour le même motif, les membres de la commission de la marine ont, sans doute, cru devoir établir, en ce qui concerne les blessés recueillis dans des conditions identiques, la même règle que pour les naufragés : ils l'ont fait dans le même article additionnel. Cette assimilation peut-être pratiquement forcée, est d'ailleurs assez peu rationnelle et il peut paraître choquant de voir un blessé, soigné dans une des embarcations-ambulances de la flotte à laquelle il appartient, ne pouvoir reprendre son service après sa guérison; dans la guerre sur le continent au contraire, un blessé qui n'a pas été fait prisonnier par l'ennemi et qui est rétabli doit rentrer dans le rang.

Quoique l'alinéa 3 de l'art. 6 additionnel porte textuellement que : « les naufragés et les blessés ainsi recueillis « (par les embarcations dont il est question dans le même « article) et sauvés ne pourront servir pendant la durée de « la guerre », on a contesté qu'il établisse la même règle pour ces deux catégories de victimes de la guerre [1]. Nous ne défendrons pas la disposition de l'art. 6 additionnel qui, rapprochée de celle de l'art. 10, crée une différence injustifiable et absurde entre les conséquences du sauvetage des différentes victimes de la guerre au point de vue de la reprise de service, suivant que le sauvetage a été accompli par des embarcations sur le théâtre de la lutte, par les

(1) Moynier, *Étude*, p. 255.

navires des Sociétés de la Croix-Rouge ou par des navires de commerce. Ce que nous voulons dire, pour l'instant, c'est simplement ceci : l'art. 6 qui est très net assimile certainement les blessés aux naufragés et crée pour eux la même incapacité de servir dans l'avenir. Il nous paraît étrange de chercher à démontrer, en invoquant l'art. 10 additionnel, comme cela a été fait, que l'art. 6 n'a voulu établir que pour les naufragés l'incapacité dont nous parlons ; l'art. 10, dit-on, établit en effet que les blessés et les malades chargés sur des navires de commerce sont rendus inaptes à servir de nouveau pendant la durée de la guerre, par le fait de la visite d'un croiseur ennemi : c'est donc, conclue-t-on, qu'ils ne l'étaient pas avant.

L'argument n'aurait de portée, à notre avis, que si les blessés ou naufragés étaient toujours et forcément trans-bordés sur les navires de commerce par les soins des em-barcations de l'art. 6 additionnel ; or, il n'en est rien : sans doute, ce fait se produira fréquemment ; et alors, suivant nous, les blessés ou malades ainsi transportés seront déjà, avant la visite du navire de commerce, incapables de servir à nouveau ; mais il pourra parfaitement se faire que le navire de commerce en question ait lui-même recueilli les blessés qu'il transporte : dans ce cas, pour ce qui les concerne, la visite d'un navire ennemi sera le fondement de l'incapacité de servir.

※

Nous sommes ainsi amenés naturellement à parler des blessés et malades recueillis par des vaisseaux de commerce. Ici l'incapacité de servir, nous venons de le dire incidemment, résulte de la visite du bâtiment par un navire de guerre. Le seul fait de cette visite consignée sur le journal du bord, rend les blessés et les malades incapables de reprendre les armes, après guérison, pendant la durée de la guerre. Le motif de cette disposition est qu'on peut, à juste titre, considérer ces blessés et malades comme une sorte de contrebande de guerre qui, en l'absence de convention, serait sujette à saisie ; mais les articles additionnels rendent la capture purement fictive et le navire visiteur, au lieu de faire prisonniers les blessés transportés qui sont susceptibles de guérison, se bornera à la formalité de la visite qui lui donnera toutes les garanties nécessaires pour l'avenir. Si des naufragés se trouvent à bord, il résulte, suivant nous, du silence de l'art. 10 que le croiseur ennemi pourrait profiter de sa visite pour les faire prisonniers.

Contrairement à ce qui existe pour les blessés ou naufragés transportés sur les navires de commerce, ceux recueillis par des vaisseaux équipés par des Sociétés de secours sont, aux termes de l'art. 13 additionnel, empêchés de servir à nouveau, par le fait même du sauvetage et de leur présence à bord du navire hospitalier de la Croix-Rouge, indépendamment de toute visite par un vaisseau de guerre ennemi.

Nous ne nous chargerons pas d'expliquer rationnellement cette différence de traitement. En somme, il faut le reconnaître les articles additionnels de 1868 ont été mal rédigés et leurs prévisions, en ce qui touche au sort réservé aux blessés, malades ou naufragés sauvés, manquent de clarté et d'harmonie. Le seul motif que nous puissions trouver à cette disposition est celui-ci, et encore est-il peu sérieux : en 1868, on admettait les Sociétés de secours à exercer leur action sur mer : c'était un progrès et aussi, il faut bien le reconnaître, un saut dans l'inconnu. Pour ne pas éveiller les inquiètes susceptibilités de certaines Puissances navales on a, sans doute, voulu entourer l'action de la Croix-Rouge sur mer, sinon d'entraves, du moins de garanties très sérieuses pour les belligérants : la disposition qui imposa l'obligation de ne pas reprendre du service aux blessés et naufragés recueillis par les navires des associations hospitalières est une manifestation de cette préoccupation dont on retrouve d'ailleurs plusieurs autres traces dans l'art. 13 additionnel qui définit et réglemente le rôle des Sociétés de secours sur mer.

#### 4° Protection du personnel médical, hospitalier et religieux.

Nous avons défini, plus haut, la protection assurée, par la Convention de Genève, au personnel médical, hospitalier et religieux, et nous avons montré en quoi consiste la neutralité qui lui est conférée; les art. 7 et 8 additionnels ne font qu'étendre à la marine le droit conventionnel antérieur : donc, liberté pour le personnel sanitaire de tout bâtiment capturé de se retirer après avoir, toutefois, continué son service et prêté son concours aux évacuations de blessés dirigées par le vainqueur. Ce dernier pourra, aux termes de l'art. 7 additionnel auquel renvoie l'art. 8 concernant la marine, fixer le moment du départ du personnel hospitalier de l'ennemi, sans le différer plus que ne l'exigeraient les nécessités militaires. Enfin, un perfectionnement à la Convention de Genève, également applicable à la marine, est le résultat de l'art. 2 additionnel qui prévoit des dispositions pour assurer au personnel neutralisé la jouissance intégrale de son traitement pour le temps passé par lui entre les mains de l'ennemi. L'art. 3 des vœux de la Conférence internationale de Paris de 1867 contenait déjà l'idée de cette mesure bienveillante.

Les articles additionnels assimilent quant à l'inviolabilité accordée, le personnel hospitalier des navires de secours au personnel médical des navires hôpitaux militaires ou autres. Mais ici, le § 3 de l'art. 13 de 1868 prévoit comme marque distinctive du personnel, un brassard Croix-Rouge.

Cette réglementation des droits et des obligations du personnel médical et de secours est, dans les articles additionnels, aussi complète que possible et parfaitement appropriée au but humanitaire qu'il s'agit d'atteindre. Mais il est certain que, dans cette matière, l'application pratique des principes posés sera difficile et que les législations des divers États auront fort à faire pour assurer un fonctionnement régulier, solide et normal des services sanitaires. Nous aurons à rechercher plus tard ce qui pourrait être fait dans cet ordre d'idées.

### 5° Présomption de violation établie par l'art. 14 additionnel.

Nous avons achevé notre étude des dispositions contenues dans ceux des articles additionnels de 1868 qui organisent la protection des blessés et les secours sur mer.

Pour être complets, nous devons dire un mot d'un article 14 qui ne figurait pas dans le projet primitif de la Commission de la marine et qui, ajouté au texte sur lequel vota l'Assemblée, fut présenté à celle-ci par M. le rapporteur Coupvent des Bois avec ses explications.

Cet article qui ne s'applique qu'aux guerres maritimes porte que « toute forte présomption que l'un des belligé- « rants profite du bénéfice de la neutralité dans un autre « intérêt que celui des blessés et des malades, permet à « l'autre belligérant, jusqu'à preuve du contraire, de sus- « pendre la Convention à son égard ».

En 1864, on n'avait pas voulu prévoir, lors de l'éclosion des idées généreuses de la Convention de Genève, que celle-ci pût être violée ou qu'on pût abuser des principes qu'elle proclamait ; il eût été de mauvais goût, à ce moment même, de supposer sinon une dénonciation possible de l'Acte international, du moins une suspension de la Convention, motivée par des abus.

Mais les discussions, les contestations que soulevèrent certains articles de la Convention de 1864 purent faire penser que lors d'un conflit armé, des incidents surgiraient de l'interprétation des règles posées ; aussi bien, certains esprits souhaitaient que l'on insérât dans la Convention à réviser, une clause de sauvegarde au profit du belligérant qui aurait à souffrir d'une violation des principes humanitaires formulés.

Dans l'Énoncé préparé avant la réunion de la Conférence de 1868 par les soins du Comité international se trouve le germe d'une disposition de cette nature : la huitième des « idées à examiner » proposait la recherche d'un « moyen « de contrôle pour empêcher le port illégal du brassard « international ». Ce moyen de contrôle était introuvable et à vrai dire, on ne chercha même pas sérieusement à en organiser un. Mais l'idée se traduisit par le vote en 1868 de l'art. 14 additionnel que nous avons reproduit ci-dessus.

Cette clause est regrettable, et correspond, suivant nous, à une idée fausse : une Convention humanitaire du genre de celle de Genève crée, pour les États qui y font adhésion, une obligation qui n'est pas seulement contractuelle ; un État civilisé, signataire d'un acte tel que celui de 1864, se doit à lui-même plus encore qu'à son adversaire, fut-il non signataire de la Convention, fut-il même un peuple non civilisé, de respecter ce qu'il a reconnu comme honnête et juste au point de vue humanitaire et international.

L'art. 14 additionnel, et c'est là son pire inconvénient, ouvre toute grande la porte aux abus, déjà si à craindre sans cela, au cours d'une guerre maritime ; il les provoque au lieu de les conjurer. Quelle sera la mesure de la « forte présomption » dont il parle ? Il ne peut y avoir en cette matière un criterium absolu ; sans doute, lors de la discussion de l'article en question, le rapporteur, puis MM. de Mundy et Moynier se sont efforcés de le définir et de comparer les nuances qui existent entre la forte présomption, la présomption fondée et la certitude [1] ; cette discussion, toute spéculative aurait présenté, en toute autre circonstance, un intérêt théorique peut-être très attachant ; mais si nous supposons la question pratiquement posée à la suite d'un incident de la lutte sur mer peut-être lointain et certainement mal connu ou mal interprêté, les bienfaits de la Convention pourront se trouver suspendus par l'effet de la décision brutale et intéressée d'un des belligérants.

Tels sont les articles additionnels de 1868, concernant la marine : nous en avons critiqué les dispositions en les expliquant et nous pourrons ainsi nous reporter à l'exposition que nous venons de faire, quand nous rechercherons, dans la suite, sur quelles bases il conviendrait de provoquer aujourd'hui une entente entre les nations pour la protection des victimes des guerres navales.

(1) *Procès-verbal de la Conférence de 1868*, p. 46.

# CHAPITRE III

## NÉGOCIATIONS DE 1868 A 1870 PORTANT SUR LE TEXTE DU PROJET D'ARTICLES ADDITIONNELS DE 1868.

1º **Demande de modification de l'art. 9 par le Gouvernement Français.**

2º **Propositions franco-anglaises concernant l'art. 10.**

3º **Retard dans les négociations avant 1870.**

Il ne suffit pas d'étudier les articles additionnels tels qu'ils furent votés à la Conférence de Genève en 1868; il faut maintenant examiner plusieurs questions qui s'y rattachent et qui sont intéressantes au point de vue théorique et pratique.

Nous devons indiquer quelles ont été, au cours des négociations qui ont suivi la signature du document de 1868 par les membres de l'Assemblée, les modifications demandées par certains États à plusieurs des articles additionnels.

Puis, nous aurons à élucider l'importante question de

C.                                                                    .5

la valeur des articles additionnels en tant que projet
d'acte international, en l'absence de ratification par les
Gouvernements.

Enfin, nous passerons en revue les jugements souvent
contradictoires portés sur l'œuvre de 1868 que nous nous
efforcerons d'apprécier à sa juste valeur. Tel sera l'objet
de ce chapitre et des chapitres suivants.

❋

Aussitôt après la séparation des membres de la Conférence de 1868, le Conseil fédéral suisse adressa, en date
du 23 octobre 1868, aux Etats signataires de l'acte de 1864,
une circulaire leur faisant connaître la teneur du Projet
d'articles additionnels, et leur demandant d'y adhérer [1].
Des démarches actives furent entreprises par lui, pour
obtenir des divers Gouvernements leur ratification. Le
mouvement fut commencé par les Comités des Sociétés de
secours et un courant s'établit rapidement en faveur de la
reconnaissance des articles additionnels par les Etats signataires de 1864.

Au Congrès international des Sociétés de secours, qui
se réunit à Berlin en avril 1869, on exprima le vœu de
voir le projet de 1868 se transformer en une loi internationale et le Comité international génevois fut unanime-
ment désigné pour agir dans ce sens [2]. Celui-ci envoya

(1) *Bulletin international,* n⁰ 3 (avril 1870), p. 107.
(2) *Bulletin international,* n° 1 (octobre 1869), p. 6 et suiv.

aux Comités centraux des divers pays des circulaires pour les prier de s'employer auprès de leurs Gouvernements [1].

Les négociations semblaient devoir aboutir promptement et sans difficultés sérieuses. Elles furent retardées par des demandes, d'ailleurs légitimes et motivées, de modifications ou d'explications émanées de plusieurs Gouvernements.

### 1° Demande de modification de l'art. 9 par le Gouvernement Français.

La France émit, la première, le désir qu'il fût apporté un changement au texte de l'art. 9 additionnel et déclara ne pouvoir donner son adhésion au projet de 1868 qu'à cette condition. Nous avons montré plus haut les vicissitudes de cet article lors de la Conférence de Genève et commenté sa teneur définitive. Pour prévenir les abus pos-

---

(1) Voir le résumé des délibérations de la deuxième Conférence internationale des Sociétés de la Croix-Rouge réunie à Berlin en 1869. — La Conférence a résumé en dix-sept paragraphes le résultat de ses travaux et de ses résolutions concernant les secours volontaires dans une guerre maritime. Le texte en est reproduit dans les annexes du rapport de M. d'Espine sur l'activité maritime de la Croix-Rouge. Plusieurs idées nouvelles et intéressantes y furent émises, notamment celle de l'opportunité d'une entente entre les Sociétés de la Croix-Rouge et celles de sauvetage des naufragés. Nous aurons l'occasion d'en reparler plus loin et de nous y référer. — Cf. *Actes de la Conférence de Berlin*, p. 3, 17 et suiv.

sibles (changements d'affectation des navires) qui paraissaient à craindre en cas de neutralisation au matériel, l'art. 9 spécifie que les vaisseaux hôpitaux militaires suivront les lois de la guerre; il résulte de cette disposition, nous l'avons dit, qu'une force navale, accompagnée de navires de cette catégorie, pourrait se voir à tout moment privée de leur concours hospitalier, à la suite d'une capture opérée par l'ennemi.

Pour obvier à un tel inconvénient et permettre aux escadres de compter sur leurs navires de secours, le Gouvernement français proposa une adjonction à l'art. 9 qui constitue certainement une amélioration du texte projeté. Voici le texte de l'addition demandée par le Gouvernement français : « Toutefois, les navires impropres au combat « que, pendant la paix, les Gouvernements auront officiel- « lement déclaré être destinés à servir d'hôpitaux mari- « times flottants, jouiront pendant la guerre, de la neu- « tralité complète au matériel comme au personnel pourvu « que leur armement soit uniquement approprié à leur des- « tination spéciale ». Ainsi donc, la neutralité au matériel sans laquelle le navire hôpital militaire ne pourrait utilement poursuivre son œuvre de secours parce qu'il serait sans cesse dans la crainte d'être capturé s'il s'approchait du théâtre du combat, dépendrait d'une formalité très simple, un avis d'affectation avant la déclaration de guerre. Le but humanitaire serait atteint sans que les garanties fussent diminuées. Les gouvernements conserveraient d'ailleurs leur liberté à cet égard et pourraient ne pas invoquer la clause additionnelle à l'art. 9; mais les avantages de celle-ci sont tels, que si elle était adoptée, tous les États ne manqueraient certainement pas de s'en prévaloir.

Le Conseil fédéral reconnut l'intérêt évident de cette adjonction au texte de 1868, et par une circulaire du 16 décembre 1868 [1], il fit connaître aux Gouvernements intéressés la proposition française, en les priant d'y accéder.

### 2o Propositions franco-anglaises concernant l'art. 10.

C'est alors que se produisit une autre demande émanée des Gouvernements anglais et français touchant l'art. 10 additionnel. L'initiative première en revient à l'Angleterre. Dans une dépêche du 21 janvier 1869, adressée du Foreign-Office à l'ambassade de France, le Gouvernement anglais admit la justesse de la demande française en ce qui concerne l'adjonction de la disposition précitée, mais déclara désirer, avant de signifier son adhésion aux articles additionnels, que le sens de l'art. 10 fut élucidé [2]. Le Gouvernement impérial répondit, le 26 février 1869, en adressant à Londres une note explicative sur l'interprétation de l'article en question. La France et l'Angleterre furent alors d'accord pour déclarer que leur adhésion ul-

(1) *Bulletin international*, n° 6 (janvier 1871), p. 97.
(2) *Bulletin international*, n° 6 (janvier 1871), p. 99.

térieure aux articles additionnels serait subordonnée à la condition de l'accession des autres Gouvernements au vœu commun qu'elles exprimaient.

L'art. 10 additionnel définit la situation, au point de vue international, du navire de commerce opérant l'évacuation de blessés ou de malades, lui assure le bénéfice de la neutralité et dispose, dans son paragraphe 2, que « s'il con- « tient, en outre, un chargement, la neutralité le couvri- « rait encore, pourvu que ce chargement ne soit pas de « nature à être confisqué par le belligérant ». Ce texte est évidemment peu clair et laisse subsister un doute sur l'é- tendue de la neutralité concédée : vise-t-elle le navire seu- lement, ou bien, en même temps que lui, la cargaison ? Dans ce dernier cas, suffirait-il à un capitaine d'un navire marchand ennemi d'avoir à son bord quelques blessés à rapatrier, pour s'assurer en quelque sorte contre la saisie de marchandises ennemies qu'il transporte et pour tourner ainsi les règles admises par le droit des gens maritime ? Enfin, l'expression « de nature à être confisqués » du pa- ragraphe 2 de l'art. 10 additionnel s'applique-t-elle seule- ment à la qualité de la marchandise (contrebande de guerre par exemple) ou aussi à la nationalité de celle-ci ?

Les Gouvernements français et anglais furent d'accord pour répondre à ces questions par les solutions les plus rationnelles [1] et, en même temps, les plus favorables au point de vue des chances d'une entente prochaine et una- nime des Puissances : l'art. 10 additionnel doit être entendu

---

(1) *Bulletin international*, n° 1, p. 101 et suiv.

comme ne modifiant aucunement les principes antérieurement admis en ce qui touche aux lois du commerce international en temps de guerre. Dans tous les cas par conséquent, la marchandise ennemie restera ennemie sous
pavillon ennemi, donc de bonne prise et la contrebande de
guerre sujette à capture.

En somme, l'art. 10 ne modifie le droit commun qu'en
un seul cas, celui du navire de commerce exclusivement
chargé de blessés, ou de blessés et de lest : dans ce cas,
même s'il est propriété ennemie, il sera considéré comme
neutre. Si, au contraire, il porte des marchandises ennemies, il sera, ainsi que celles-ci, susceptible d'être capturé.
Quant au navire neutre qui transporterait, avec des blessés, de la contrebande de guerre, la même solution lui
sera applicable, en vertu d'autres principes également de
droit commun. Pour trancher les différentes éventualités il
suffira d'appliquer les règles du droit des gens, notamment
celles de la Déclaration de Paris.

L'art. 10 additionnel donna également lieu, en ce qui
concerne son paragraphe 4, à un échange de vues entre les
Gouvernements français et anglais et à une entente commune qui se manifesta dans les dépêches auxquelles nous
avons déjà renvoyé. Il fut entendu que l'art. 10 additionnel,
en prévoyant dans son paragraphe 4 des conventions particulières entre les amiraux pour l'évacuation des blessés
et des malades, ne faisait qu'indiquer la possibilité de car-

tels dont les conditions pourraient varier suivant les circonstances; les deux Gouvernements reconnurent que l'assaillant, à moins d'un consentement formel de sa part, ne pouvait être contraint à laisser percer son blocus par des navires chargés de blessés ou de malades. Rien n'est plus légitime que cette explication donnée à l'art. 10 : une Convention humanitaire ne peut contenir des clauses de nature à paralyser les moyens d'action de l'un des belligérants et à prolonger les moyens de défense de l'assiégé; sinon, elle irait dans une certaine mesure, à l'encontre de son but.

Le Conseil fédéral comprit le bien-fondé des observations franco-anglaises et, dans une circulaire du **23 avril 1869**, invita les Gouvernements à adhérer aux articles additionnels, sous le bénéfice des modifications demandées et des explications fournies par la voie diplomatique aux art. 9 et 10. Pour les éclairer sur les points qui avaient fait l'objet de remarques de la part des Cabinets français et anglais, le Conseil fédéral joignit à sa circulaire une copie des dépêches échangées entre le Ministère français des affaires étrangères et le Foreign-Office [1].

### 3° Retards dans les négociations avant 1870.

Ainsi donc, les Gouvernements avaient été pressentis par les soins du Conseil fédéral, puis tenus par lui, d'une

[1] *Bulletin international,* n° 6 (janvier 1871), p. 98 à 104.

manière constante, au courant des modifications sollicitées par les divers États; il semble qu'on eût dû être en droit d'espérer une ratification générale de l'acte de 1868 de la part des États signataires de 1864.

Mais il n'en fut malheureusement pas ainsi : la correspondance nécessitée par les échanges de vues entre la France, l'Angleterre, le Conseil fédéral et les autres Puissances avait déjà été une cause d'atermoiements et de retards. Sans doute, la plupart des États contractants de 1864 répondirent au Conseil fédéral qu'ils étaient, en principe, d'accord avec les Gouvernements français et anglais sur la question des modifications projetées aux articles additionnels; sans doute aussi ils firent savoir qu'ils n'étaient pas éloignés de donner leur adhésion à l'œuvre de la Conférence de Genève; mais certains Gouvernements n'avaient pas encore fait parvenir leurs réponses au mois d'avril 1870 [1]; les Gouvernements de la Grèce et du Grand-Duché de Hesse avaient beaucoup tardé; ceux de l'Égypte et des États pontificaux n'avaient pas fait connaître leurs intentions. De plus, à ce moment, la Russie tout en se déclarant favorable au projet d'une manière générale, n'avait pas fourni de réponse définitive, et faisait connaître qu'elle avait des observations à présenter sur plusieurs points : cette Puissance demanda qu'une disposition, spécifiant exactement l'époque et les conditions de la délivrance de la commission émanée du souverain, aux capitaines des navires hospitaliers des

(1) *Bulletin international,* n° 3 (avril 1870), p. 107 et suiv.

Sociétés de secours, fût ajoutée à l'art. 13 additionnel ; le Gouvernement russe réclama également, par une note du 2 mai 1870, une adjonction visant l'abus de l'insigne de la Croix-Rouge, à l'art. 14 qui prévoit la possibilité de suspendre la Convention dans le cas de forte présomption de la violation de ses dispositions par l'un des belligérants [1].

Outre les difficultés et les retards causés par les discussions sur la teneur même des articles, il en résulta d'autres provenant de la question, qui surgit dès 1868 et qui ne fut pas tranchée, de savoir quels seraient le mode et les conditions des adhésions à intervenir de la part des différents États. Nous l'étudierons, dans notre prochain chapitre, lorsque nous nous occuperons de rechercher quelle est, à l'heure actuelle, la valeur juridique internationale des articles additionnels en l'absence de ratifications.

La guerre qui surgit entre la France et l'Allemagne en 1870 marqua la fin des tentatives réitérées du Conseil fédéral auprès des Puissances en vue d'une solution prochaine ; la question soulevée par le Gouvernement russe n'avait pas fait un pas [2]. La preuve matérielle en est dans la dépêche circulaire adressée le 18 juillet 1870 par le Conseil fédéral aux Gouvernements dans le but de leur faire connaître l'état où en étaient les négociations et de leur annoncer les démarches qui seraient tentées auprès des deux belligérants pour faire admettre par eux, à titre de *modus vivendi* et pour la durée de la guerre, les articles additionnels de 1868.

(1) *Bulletin international*, n° 6 (janvier 1871), p. 104.
(2) *Bulletin international*, n° 6 (janvier 1871), p. 104 à 106.

# CHAPITRE IV

VALEUR DES ARTICLES ADDITIONNELS EN TANT QUE
PROJET DE CONVENTION INTERNATIONALE
QUESTIONS SOULEVÉES
PAR LES ADHÉSIONS DES PUISSANCES

------

1º Caractère non obligatoire du Projet de 1868.
2º Validité et effets des adhésions aux articles additionnels. —
   Incidents divers.
3º Critique de la jurisprudence du Conseil fédéral.

------

## 1º Caractère non obligatoire du Projet de 1868.

A la suite de l'intéressante discussion qui ouvrit la deuxième séance de la Conférence de Genève le 6 octobre 1868, l'Assemblée reconnut que tous les délégués des Puissances n'étant pas munis de pouvoirs suffisants pour signer un acte diplomatique, il ne pouvait être rédigé qu'un ensemble d'articles ayant une valeur d'attente [1]. Cette

------

[1] *Procès-verbal de la Conférence internationale de 1868*, p. 9 à 21.

solution présentait l'avantage de ne pas exclure de la Conférence diplomatique les délégués qui n'avaient reçu de leurs Gouvernements que la mission de signer de simples propositions ou de conférer *ad referendum*.

L'Acte qui sortit des délibérations de 1868 ne fut qu'un projet et ne devait revêtir le caractère d'une Convention internationale obligatoire que par suite de la formalité de la ratification des Gouvernements intéressés. De toutes manières, il ne pouvait avoir une autre valeur puisque l'échange des ratifications est la forme officielle et définitive de l'acceptation d'un traité qui revêt, seulement alors, un caractère contractuel et obligatoire.

Nous avons relaté plus haut les démarches faites par le Conseil fédéral en vue d'obtenir la ratification des articles additionnels par les États signataires de la Convention de Genève. Nous avons mentionné comment des retards s'étaient produits à la suite des négociations nécessitées par les diverses observations des Gouvernements français, anglais et russe.

Au moment où la guerre allait être déclarée, à la date du **18 juillet 1870**, le Conseil fédéral adressa aux Puissances, sous la forme de circulaire [1], un pressant appel pour provoquer de leur part des réponses favorables à sa dépêche du **2 mai** précédent; dans la même dépêche, il annonçait qu'il avait décidé de proposer aux Cabinets de

[1] *Bulletin international,* n° 6, p. 104 et suiv.

Paris et de Berlin, l'adoption, à titre de *modus vivendi,* des articles additionnels pour le cas où la guerre viendrait à éclater. Cette demande réunissait d'autant plus de chances d'aboutir que les deux Gouvernements avaient déjà donné, en principe, leur adhésion aux articles additionnels sous le bénéfice des modifications projetées.

Les Gouvernements français et prussien acceptèrent immédiatement la proposition, si bien que, dès le 22 juillet, le Conseil fédéral [1] put envoyer aux divers Gouvernements une nouvelle note leur annonçant que la France et la Confédération de l'Allemagne du Nord avaient reconnu les articles additionnels modifiés et interprétés par la France et l'Angleterre « comme devant être observés pendant la « guerre, au moins à titre de *modus vivendi* » [2]. Une circulaire fédérale du 30 juillet annonça, dans les mêmes conditions, l'adhésion des Gouvernements du Grand-Duché de Bade, du royaume de Bavière et du Grand-Duché de Hesse-Darmstadt et du royaume de Wurtemberg [3].

(1) *Bulletin international,* n° 6, p. 106 et suiv.

(2) *Journal officiel de l'Empire français du 24 juillet 1870,* p. 1319. Au bulletin daté de Paris, 23 juillet, figurent diverses nouvelles politiques ou extérieures puis l'indication suivante : « Un télégramme de « Berne, en date d'hier, mande que sur la proposition du Conseil fédéral « la France et la Prusse ont déclaré reconnaître les engagements résul- « tant de la Convention de Genève de 1864 relativement à la neutralisa- « tion des ambulances.

« Quant aux articles additionnels de 1868 étendant le sens de la Con- « vention primitive, le même télégramme assure que les Puissances bel- « ligérantes sont disposées à les appliquer comme *modus vivendi*, pen- « dant la durée des hostilités ».

(3) *Bulletin international,* n° 6, p. 107.

Les Gouvernements allemand et français donnèrent les instructions nécessaires aux officiers commandant leurs corps d'armées ou leurs flottes [1].

Les articles additionnels étaient acceptés par les deux Gouvernements sous les conditions énoncées plus haut pour la durée de la guerre : en ce qui concerne la marine, ils n'eurent aucune application, puisqu'il n'y eut pas de luttes navales entre les navires des escadres ennemies.

### 2° Validité et effet des adhésions aux articles additionnels. — Incidents divers.

Au sortir de la guerre 1870-71, le moment était peu favorable à des négociations internationales ayant un but

[1] Barboux, *Jurisprudence du Conseil des Prises pendant la guerre de 1870-71.* — Art. 21 des instructions adressées par M. l'amiral Rigault de Ginouilly, Ministre, secrétaire d'État au département de la Marine et des Colonies, à MM. les officiers généraux supérieurs et autres commandant les escadres et les bâtiments de l'Empire, en date du 25 juillet 1870 : « Une convention a été conclue à Genève, au mois d'août 1864, « entre tous les États européens pour l'amélioration du sort des militaires « blessés dans les armées en campagne. Vous trouverez ci-après le texte « de cette Convention ainsi que celui du projet d'Acte additionnel pré-« paré en 1868 par une commission internationale réunie à Genève pour « en étendre les dispositions à la marine militaire. Bien que ce dernier « Acte n'ait pas encore reçu de sanction diplomatique, le Gouvernement « de l'Empereur n'entend pas moins en faire l'application pendant le « cours de la présente guerre. Vous voudrez donc bien vous conformer, « le cas échéant, aux règles tracées par les deux Actes dont il s'agit ».

humanitaire ; néanmoins, des adhésions à l'œuvre de 1868 se produisirent de la part de nombreux États.

Nous n'avons nullement l'intention de faire l'historique, de ces adhésions ni d'énumérer les Gouvernements qui adhérèrent aux articles additionnels. Ce relevé serait long, fastidieux et sans caractère instructif.

Mais il nous paraît d'un véritable intérêt théorique de rechercher quelle a pu être la portée des accessions successives des États, étant donné la nature du Projet signé par les délégués réunis à Genève en 1868. Cette étude a aussi une utilité pratique car les difficultés qui ont surgi pourront se reproduire dans l'avenir, et il est utile de connaître la jurisprudence suivie.

La question avait été prévue dans une dépêche du Gouvernement français, adressée au Conseil fédéral : le Gouvernement impérial déclarait que les articles additionnels n'auraient force et vigueur, à son avis, que lorsque tous les États qui ont signé à Genève en 1864, les auraient adoptés ; et il invoquait très justement à l'appui de cette thèse le droit commun des contrats d'après lequel un acte ne peut être modifié que du consentement unanime de tous ceux qui y ont pris part. Le Conseil fédéral, dans une circulaire postérieure du 16 décembre 1868 [1], ne discuta pas la valeur de l'assertion du Gouvernement français et

(1) *Bulletin international*, n° 6, p. 97 et suiv.

l'approuva même implicitement en disant « que bien qu'il « puisse concevoir des divergences d'opinion sur ce point, « le Conseil fédéral croit devoir actuellement se borner à « porter la déclaration du Gouvernement français à la con- « naissance du Gouvernement de X***, en exprimant l'es- « poir que par des déclarations.unanimes d'adhésion, on « évitera tout débat ultérieur sur la question ». Le Conseil fédéral, on le voit, ne s'engageait guère et gardait une attitude plutôt expectante.

❋

Il observa la même réserve lorsqu'à la date du 2 novembre 1870, il porta à la connaissance des États intéressés un décret royal italien, affectant, en vertu de la disposition supplémentaire introduite par la France à l'art. 9 additionnel, un vaisseau de la flotte militaire le *Washington* au service permanent d'hôpital militaire flottant [1]. Dans la circulaire précitée, le Conseil fédéral ne se livrait à aucun commentaire ; mais il semble bien que de ce silence même il résultait qu'il considérait le Gouvernement italien comme s'étant valablement et unilatéralement engagé vis-à-vis des autres États à respecter les articles additionnels dont il invoquait l'autorité.

(1) *Bulletin international,* n° 6, p. 108 et suiv. Voir la circulaire du Conseil fédéral et la reproduction du décret italien du 13 octobre 1870.

※

On peut faire la même remarque à propos de ce qui se passa le 31 décembre 1872, lors de l'adhésion de l'Espagne aux articles additionnels modifiés conformément aux propositions de l'Angleterre, de la France et de la Russie : le Gouvernement espagnol annonçait, dans sa dépêche, qu'il se proposait de désigner un bâtiment de sa flotte de guerre pour servir d'hôpital maritime flottant avec un personnel médical et hospitalier [1]. L'Espagne était la dernière Puissance européenne qui n'eût pas donné son approbation aux articles de 1868. Le Conseil fédéral, dans la circulaire qu'il adressa aux Puissances pour annoncer cette adhésion, se contenta, en signalant l'importance de l'événement, d'exprimer l'espoir que le désaccord qui existait encore au sujet de l'amendement proposé par la Russie ne persisterait pas et n'entraverait pas plus longtemps la ratification définitive du traité complémentaire de 1868. Aucune observation ne suivait, concernant la valeur de l'engagement pris par l'Espagne d'affecter un vaisseau spécial au service hospitalier.

※

Dans plusieurs circonstances, que firent naître, notamment, des déclarations de certains États qui, en adhérant

[1] *Bulletin international,* n° 15 (avril 1873).

C. 6

aux articles additionnels, proclamèrent leur force internationale obligatoire, le Conseil fédéral dut exprimer son
avis sur la question ainsi soulevée et indiquer quelle était
son appréciation sur le caractère et la valeur de l'Acte
de 1868.

Ainsi le 2 mai 1879, le Gouvernement péruvien fit parvenir au Conseil fédéral son adhésion aux articles additionnels [1] et déclara qu'il les considérait comme ayant
« force de loi ». Son but était d'obtenir une déclaration
analogue du Gouvernement chilien au début d'une guerre
qui devait être presqu'exclusivement maritime. Le Chili
adhéra aux articles additionnels le 28 juin de la même
année; mais il ne sembla le faire que pour la durée de la
guerre.

On peut se demander avec raison si cette modalité
d'adhésion rentrait bien dans l'esprit de la Convention de
Genève dont les signataires ont certainement voulu faire
un Acte s'imposant d'une manière absolue, sans limitation, quant au temps, à telle ou telle guerre. A notre avis,
le Conseil fédéral ne se maintint pas exactement dans le
rôle d'intermédiaire régulier qu'il avait su garder jusqu'alors et outrepassa ses pouvoirs en acceptant même à
titre provisoire de recevoir une déclaration d'adhésion
conçue dans des termes précis quant au caractère obligatoire des articles additionnels, mais restrictive en ce
qui touche à la durée de validité.

(1) *Bulletin international,* n° 40 (octobre 1879), p. 112.

❋

En ce qui concerne le Pérou, il faut le reconnaître, l'Acte définitif d'adhésion à la Convention de Genève daté du **22** avril 1880 est parfaitement correct. Mais il avait été précédé de plusieurs déclarations conçues en une forme véritablement stupéfiante et dans lesquelles le Gouvernement de Lima visait tantôt un soi-disant : « Pacte de « Paris de 1867 » tantôt « la Convention de Genève de « 1868 » tantôt même « les articles additionnels au pacte « lui-même adoptés à Genève le 20 octobre 1868 ». Ces documents officiels péruviens, d'où la fantaisie n'était pas absente, furent rectifiés par les soins du Conseil fédéral suisse [1]. Ajoutons que, lors de l'accession définitive du Gouvernement chilien à la Convention de Genève, il ne fut plus question des articles additionnels de 1868 [2].

❋

Au point de vue qui nous occupe actuellement, un incident intéressant se produisit lors de l'adhésion des États-Unis à la Convention de 1864 : la Confédération était jusqu'alors demeurée en dehors du groupement des États signataires, bien qu'elle eût été représentée à Genève en 1864 et en 1868 et même en 1869 à Berlin ; cette absten-

[1] *Bulletin international,* n° 43 (juillet 1880), p. 128 et suiv.
[2] *Bulletin international,* n° 41 (janvier 1880), p. 12.

tion était étonnante, étant donné que, dès 1863, avaient
été mis en pratique, lors de la guerre de Sécession, les
principes qui plus tard furent proclamés à Génève. A la
suite d'un vote unanime du Sénat, le Gouvernement de
Washington signa le 16 mars 1882 l'Acte d'adhésion des
États-Unis, non seulement à la Convention du 22 août
1864, mais encore au Projet d'articles additionnels du 20
octobre 1868 ; avis officiel en fut transmis au Gouvernement suisse [1].

Dans des notes des 9-17 juin 1882, le Président de la
Confédération suisse déclara accepter, au nom des États
signataires, l'accession des États-Unis à la Convention de
1864, mais en ajoutant que les articles additionnels de
1868 ne pouvaient être considérés comme un traité obligatoire. Le Conseil fédéral adressa, en même temps, aux
Etats signataires de 1864 une circulaire pour les informer
qu'il accueillait l'adhésion du Gouvernement américain à
la Convention de Genève ainsi qu'aux articles additionnels,
tant en son nom qu'en celui des autres États contractants [2].

Telle fut la solution un peu équivoque adoptée par le
Conseil fédéral suisse quand il dut répondre au sujet d'une
question qui ne s'était jamais posée avec une pareille netteté. Ainsi donc, la jurisprudence de l'Assemblée fédérale
paraît bien s'être modifiée depuis l'époque qui vit les premiers Actes d'adhésion des deux Républiques sud-améri-

[1] *Bulletin international,* n° 49, p. 41 ; *id.,* n° 50, p. 92.
[2] *Bulletin international,* n° 51 (juillet 1882), p. 133 et suiv. ; *id.,* n° 78
(avril 1889), p. 83.

caines, Actes dont la forme comme le fond avaient été considérés comme extra-réguliers. Il est possible que l'importance de l'accession du Gouvernement américain ait incité le Conseil fédéral suisse à se montrer moins sévère en la circonstance que précédemment et à envisager la situation sous un aspect plus pratique et politique que vraiment juridique.

Un cas plus curieux se présenta pour les Pays-Bas : en 1869, le Gouvernement néerlandais avait envoyé à Berne son adhésion aux articles de 1868 et avait cru devoir promulguer leur texte dans le *Journal officiel* du Royaume, en les y présentant comme une disposition légale obligatoire. Cette insertion était évidemment prématurée. Le Gouvernement de la Reine, en l'absence de ratification de l'Acte de 1868, adressa, le 10 mars 1894 [1], une dépêche au Président de la Confédération suisse, annonçant que la sanction précédemment donnée aux articles additionnels était et demeurait révoquée.

Le Conseil fédéral estima à juste titre qu'il n'avait aucun usage à faire de la communication du Gouvernement néerlandais et que l'ancienne publication faite au *Journal officiel* de La Haye n'avait aucunement engagé les Pays-Bas envers les États signataires de la Convention de Genève. Il est évident que ceux-ci n'auraient jamais pu sérieusement songer à se prévaloir, en cas de conflit armé,

(1) *Bulletin international,* n° 100 (octobre 1894), p. 245.

de l'insertion précitée. En somme, la rectification à laquelle voulut procéder le Gouvernement des Pays-Bas, en 1894, n'avait qu'un intérêt de droit intérieur ; c'est donc, avec raison, que le Conseil fédéral se refusa à lui laisser prendre une forme officielle et internationale.

Enfin, pour citer un dernier exemple, mentionnons l'accession, le 13 juillet 1894, du Gouvernement vénézuélien, « à la Convention conclue à Genève du 22 août 1864 ainsi « qu'aux articles additionnels à cette convention du 20 « octobre 1868 » [1]. En l'occurence, le Conseil fédéral suisse notifia aux États signataires de 1864 la déclaration du Vénézuéla sans même ajouter les restrictions qu'il avait faites lors de l'accession des États-Unis.

### 3° Critique de la jurisprudence du Conseil fédéral.

Ainsi donc, la jurisprudence du Conseil fédéral en la matière n'a pas obéi à des principes bien déterminés et n'a jamais été bien assise, quant au point de savoir dans quelle mesure pouvaient être valablement reçues les dé-

(1) *Bulletin international,* n° 100 (octobre 1894), p. 257.

clarations d'accessions souvent irrégulières des divers
États.

A notre avis, étant donné ce que nous avons dit plus
haut sur la nature même des articles additionnels, il ne
saurait y avoir de doute : ces articles constituent, purement et simplement, un projet; c'est, du reste, leur titre
véritable; des adhésions isolées, quelle qu'en soit la forme,
n'en pouvaient changer la valeur. Le projet de 1868 ne
saurait devenir un Acte international obligatoire que par
un échange de ratifications entre les États intéressés [1].

Si la jurisprudence du Conseil fédéral ne fut pas toujours absolument constante en ce qui concerne les adhésions des divers États, il faut reconnaître que sa manière
de comprendre le caractère des articles additionnels ne
subit pas de variations, mais demeura assez ferme : le
Conseil fédéral, dans les nombreuses circonstances qui se
présentèrent à lui de le faire, ne cessa d'opposer la forme
obligatoire de la Convention de Genève à la valeur d'attente du Projet d'articles additionnels. Pour ne citer qu'un
exemple, lorsqu'en 1885, le Conseil fédéral, qui avait déjà
donné à diverses Puissances des consultations sur divers

(1) Nous ne serions pas opposés à l'idée de la conclusion de conventions internationales entre des États isolés ou entre des groupes d'États;
nous le dirons d'ailleurs plus loin : les unions restreintes constituent, en
notre matière, le progrès de l'avenir. Mais il est certain que jusqu'ici
dans les conférences et dans les congrès on a seulement admis la possibilité d'ententes générales entre tous les États signataires de la Convention de Genève de 1864. Cette théorie est évidemment excessive. Elle
forme un obstacle à tous les perfectionnements et à toutes les modifications désirables à apporter à l'Acte primitif (Voir chapitre VIII).

points de droit touchant aux questions d'assistance aux victimes de la guerre, reçut du Gouvernement anglais une demande de renseignements sur le texte officiel et la forme obligatoire des articles additionnels; la réponse donnée fut bien nette [1] : le Conseil fédéral exprima, à nouveau, l'opinion que les articles additionnels ne pouvaient, en aucune façon, être considérés comme faisant partie intégrante de la Convention de Genève, ni comme ayant le caractère d'obligation d'un traité international; en effet, ajoutait-il en substance, les parties contractantes n'ont pas échangé leurs Actes de ratifications au Projet de 1868 et le texte de celui-ci n'est même pas définitivement arrêté.

Telle est la doctrine rationnelle véritablement conforme aux principes généraux régissant les traités internationaux; nous avons vu qu'elle n'a pas toujours été parfaitement connue ou respectée par certains États qui se sont fait illusion sur la nature de l'Acte de 1868 : on ne peut le nommer à proprement parler un traité; si on emploie l'expression, ce doit être à la condition de ne pas entendre ici le mot dans un sens trop absolu : il n'y a eu traité que sous réserve d'une ratification ultérieure à intervenir de la part des plénipotentiaires des Puissances [2].

(1) *Bulletin international,* n° 66 (avril 1886), p. 179.
(2) *Bulletin international,* n° 41 (janvier 1880). — Reproduction d'un article du journal de Saint-Pétersbourg; il redresse l'erreur commise par un certain nombre de Puissances qui croient que les articles additionnels ont force de loi et rappelle, après l'expérience des dernières guerres (guerre d'Orient et guerre sud-américaine) combien l'extension de la Convention de Genève à la marine est désirable.

Si maintenant, nous envisageons la même question, non plus au point de vue purement international et contractuel, mais au point de vue du devoir moral des États, elle présente un aspect bien différent. Quand des pays civilisés considèrent certains principes humanitaires comme acquis, comme dérivés des progrès de l'esprit public d'une époque, quand leurs Gouvernements y souscrivent dans la forme de déclarations même purement unilatérales, ne peut-on considérer qu'ils s'obligent, vis-à-vis d'eux-mêmes, aussi étroitement qu'ils pourraient le faire par un traité international? En ces matières, si l'on s'élève un peu au-dessus des règles à la fois coutumières et strictes du droit des gens pour examiner la situation sous un angle philosophique, n'est-il pas exact de dire que l'idée de réciprocité doit être écartée de la reconnaissance d'un certain nombre de règles bienfaisantes et généreuses? Il semble bien que oui; et le sentiment paraît s'affermir de plus en plus dans la conscience moderne des peuples, (c'est là une constatation réconfortante) qu'il est des usages d'humanité et de modération qui s'imposent au respect des Gouvernements, en l'absence de tout contrat synallagmatique. Par exemple, il a déjà été écrit que les principes de la Conférence de Genève et de la Déclaration de Saint-Pétersbourg sont tels qu'il est du devoir d'une nation de les appliquer non seulement dans les rapports hostiles éventuels avec l'adversaire signataire, mais aussi en cas de guerre contre des peuples barbares.

Nous ne ferons aucune difficulté de reconnaître que la ligne de démarcation est très flottante entre les différentes situations à prévoir : ainsi, pour ce qui concerne les éléments de la Déclaration de Paris, contrairement à ce que nous avons dit plus haut, il ne nous semble pas contestable qu'ils ne soient exclusivement contractuels.

Pour ce qui est des articles additionnels, en se plaçant exclusivement au point de vue, pour ainsi dire personnel de l'État qui donne son adhésion, il paraît, en un certain sens, exact de dire qu'il y a engagement valable : mais il n'est que moral. En l'absence de cette obligation conventionnelle qui sera, longtemps encore, le trait d'union indispensable dans les rapports entre les peuples, un Gouvernement ne pourra exiger d'un autre le respect d'un devoir dont la source est ailleurs que dans une promesse bilatérale ; c'est pourquoi, il est toujours à craindre, qu'en cas de conflit armé, la protection des blessés des guerres maritimes, qui est pourtant une nécessité pressante, ne soit ni assurée, ni respectée. Malheureusement s'il est à souhaiter que le sentiment de l'obligation morale s'étende et s'affermisse dans les relations entre les nations, il serait dangereux de s'en rapporter à lui avec trop de confiance. C'est là un argument puissant à invoquer en faveur de la prompte transformation, en convention internationale, de règles conçues dans l'esprit de celles qui sont contenues dans le Projet d'articles additionnels de 1868.

# CHAPITRE V

## 1º Critiques de principe et réponse à ces critiques.

Nous avons dit que des appréciations fort diverses avaient été émises sur les articles additionnels.

Nous ne reprendrons en détail ni les critiques que soulèvent certaines de leurs dispositions, ni les observations formulées sur la terminologie employée. Ce travail a été poursuivi en son temps.

Ce qu'il importe de faire maintenant c'est de porter un jugement d'ensemble sur l'œuvre de 1868, et de rechercher si la condamnation sévère qui lui a été infligée par certains publicistes est un arrêt juste et bien rendu.

La rédaction de 1868 possède indiscutablement un grand mérite : elle est une codification des principes devant régir les secours sur mer qui, jusqu'alors n'avait pas été tentée. Elle est la première assise d'une œuvre d'ailleurs perfectible.

Les membres de la Conférence de Genève ont su innover : ils ont su aussi ne faire entrer dans les articles additionnels que des principes généraux ; ils ont eu la sagesse de ne pas s'aventurer dans des conceptions techniques ou tactiques ; ils ont fait la part de ce que doit contenir une convention internationale et de ce qui doit être réservé aux règlements intérieurs des diverses marines. Enfin, à notre avis, les articles du Projet répondent bien, au moins dans leur ensemble, à la nécessité de concilier l'œuvre hospitalière et sanitaire avec les exigences navales et militaires ; nous avons eu l'occasion de le constater à plusieurs reprises en les étudiant.

Or, c'est précisément sur ce terrain que l'œuvre de la Conférence de 1868 a été attaquée.

Certains critiques, spécialement des marins et des médecins de la marine, ont reproché aux articles additionnels de n'être pas pratiques, de ne plus satisfaire aux nécessités de la guerre navale moderne, bien plus, de n'y avoir jamais répondu [1]. M. le docteur Auffret, directeur du

(1) Auffret, *Les Secours aux blessés et aux naufragés des Guerres maritimes*, p. 3.

service de santé de la marine à Rochefort, qui a publié en 1894, une étude très détaillée sur l'organisation technique des secours aux victimes des guerres maritimes, résume à peu près dans cette formule l'objection-type opposée aux articles additionnels de 1868 : les secours sur mer seront organisés non pas parce qu'ils seront humainement indispensables, mais parce qu'ils seront scientifiquement possibles; par conséquent, une convention portant sur ces matières devra, semble-t-il, à son avis, être technique, militaire, navale, tactique et strictement sanitaire. Si on adoptait cette manière de voir, il faudrait attendre, pour formuler dans une convention des clauses de neutralité, que toutes les conditions d'organisation matérielle, de métier pour ainsi dire, fussent prévues très complètement; il faudrait surseoir jusqu'à ce qu'un accord, d'ailleurs incertain dans le domaine technique, intervienne non seulement entre les « compétences » d'un pays, mais aussi entre celles de tous les États. Alors seulement on aurait recours aux bons services des membres d'un Congrès diplomatique, préalablement édifiés sur la nature et sur l'étendue des divers modes de secours possibles dans telles ou telles éventualités.

Une pareille manière de procéder ne serait pas sans présenter de graves inconvénients. Elle serait d'abord fort lente, car il faudra qu'une entente se produise entre les hautes sphères maritimes de tous les États intéressés, et une longue expérience démontre que les spécialistes, particulièrement les théoriciens de l'art naval, sont fréquemment divisés. Mais, ne nous arrêtons pas à cette considération. Supposons la convention idéale rédigée, signée : à notre sens, même si elle est alors parfaite, elle ne sera pas viable. En effet, quel autre mérite possédera-t-elle que celui d'être la photographie pour ainsi dire dans chacun de ses articles, de la marine d'une époque déterminée? Et alors, le travail ne sera-t-il pas à recommencer dès que surviendront des découvertes nouvelles, des progrès militaires ou maritimes?

Les critiques faites aux articles additionnels et dont nous venons de donner une idée sommaire nous semblent avoir pour origine une confusion entre deux ordres d'idées différents : il faut distinguer soigneusement entre la convention proprement dite, qui sera signée par les délégués des Gouvernements et le complément de la convention, qui, dans chaque État, sera rédigé dans la forme d'un règlement plus ou moins détaillé, d'instructions plus ou moins explicites s'inspirant du texte international.

La Convention humanitaire, pour répondre vraiment à son but, ne doit renfermer que des dispositions larges et générales, quoique suffisamment précises dans la forme : elle ne doit pas être coulée dans un moule trop immuable; sinon, l'œuvre serait toujours à retoucher. Il est déjà difficile d'arriver à une entente sur des principes que tous les États désirent voir triompher. Que serait-ce s'il fallait, à l'occasion de toute transformation un peu profonde dans l'outillage de combat, revenir sur les décisions antérieures et procéder sans cesse à une sorte de remise au point?

Certes, l'idéal d'une convention analogue à celle qui fut projetée en 1868 ne serait pas de constituer une pure conception théorique, construite à même dans l'abstraction ; loin de nous est la pensée que les rédacteurs d'une convention concernant la marine devront négliger l'étude des nécessités matérielles de l'organisation des secours et des conditions générales des guerres maritimes modernes. Mais, le texte de l'Acte international prévoyant les secours sur mer devra, suivant nous, se borner à spécifier les conditions de la neutralité concernant les navires de sauvetage et leur personnel, à indiquer les règles de protection en faveur des victimes de la guerre et la situation de celles-ci. Il n'est pas du domaine de la convention, mais d'un règlement intérieur de déterminer les détails de l'organisation des secours utilisables dans les différentes éventualités tactiques.

En ce qui concerne les règlements spéciaux des différentes marines, ils suivront avec avantage, dans chaque pays, pas à pas, l'évolution du progrès naval et de la tactique de combat; les instructions données aux différentes flottes de guerre et dont le fond sera évidemment commun, gagneront à être détaillées et précises ; c'est là que les spécialistes devront prévoir une adaptation raisonnée et technique des secours appropriés aux différentes nécessités de la guerre maritime. C'est là qu'il est vrai de dire que les secours devront être fortement organisés ou qu'ils ne seront pas : il n'est point de détail qui n'ait son importance : la liste serait longue à dresser des matières qui rentrent dans la sphère de la réglementation intérieure : détermination du rôle des navires hôpitaux militaires ou des autres navires hospitaliers dans les différentes sortes de combats, dans les eaux territoriales, en haute mer..... postes de secours à bord des navires de guerre..... routes et rendez-vous assignés aux vaisseaux de secours, etc..., etc...

Nous devons à la vérité de dire que nous n'avons découvert dans aucune publication une véritable démonstration de la vétusté et de la sénilité incurables des articles additionnels; nous n'avons trouvé que des affirmations, non des preuves [1]; des études très intéressantes, au point de vue théorique et pratique, ont été faites sur la question et des observations précieuses présentées, mais loin de permettre de conclure, sans autre forme de procès, contre les articles additionnels de 1868 elles fourniraient plutôt d'excellents arguments et des indications très nettes en faveur d'une révision limitée et méthodique du Projet de la Conférence de Genève.

Précisons; à vrai dire, un seul motif ou plutôt un seul mobile a provoqué dans certains milieux un accueil systématiquement défavorable aux articles additionnels. Ces articles, par là même qu'ils sont conçus dans des termes très généraux et qu'ils prévoient une très large protection pour les victimes de la guerre maritime, ont porté ombrage à la susceptibilité de divers spécialistes de la tactique navale; ils ont craint une intrusion, sur le théâtre

---

(1) Houette, *Mémoire sur les Secours aux victimes des Guerres maritimes*, p. 32. — Auffret, *Les Secours aux blessés et aux naufragés des Guerres maritimes*, p. 3, 156 et suiv.

même du combat, d'un personnel non militaire et il en est résulté chez eux un sentiment d'instinctive défiance.

Le même mouvement de répulsion professionnel s'était manifesté antérieurement, dans un certain parti militaire, en ce qui concerne les guerres continentales : la Convention de Genève était l'œuvre des Sociétés de secours qui, avec une abnégation et un dévouement patriotiques, avaient pensé rendre des services sur le théâtre même de la lutte et exercer leur action jusque sous le feu de l'ennemi ; les Sociétés de secours aux blessés, en face des objections qui surgirent, ont compris ensuite que leur vrai rôle devait s'exercer à l'arrière et elles n'ont pas résisté au refoulement dont elles étaient l'objet. Dans les guerres qui sont survenues elles ont su, dans le service qui leur est incombé, rendre d'inappréciables services.

Après 1868, le même phénomène a paru se produire en ce qui concerne l'action des Sociétés de secours sur mer : certains esprits, moins justes qu'ombrageux et inquiets ont cru voir dans les dispositions des articles additionnels concernant les Sociétés de secours et l'action hospitalière des navires neutres, une menace contre l'indépendance des combattants, une limitation aux nécessités légitimes des opérations de guerre. Or, il n'existe dans les articles additionnels rien de pareil : ces articles ne font que prévoir le caractère et l'étendue de la neutralité accordée aux navires et aux équipages des Sociétés de secours et des navires de commerce faisant acte de sauvetage ; mais ils ne font aucune allusion au rôle des Sociétés de la Croix-Rouge dans telles

C.                                                                 7

ou telles circonstances; leur action est prévue internationalement, mais il n'y a là, en ce qui concerne l'organisation
particulière d'une flotte et de ses services accessoires, aucune entrave pour la législation intérieure : celle-ci s'exer-
cera en toute liberté. Des garanties sont d'ailleurs données
aux combattants qui auront la faculté d'imposer aux navires hospitaliers certains délais ou de leur spécifier l'observation de trajets déterminés.

## 2° Procédé à suivre pour arriver à une entente internationale.

Le corollaire de l'affirmation de la vétusté et de l'inap-
plicabilité des articles additionnels est la nécessité d'entreprendre la rédaction d'une convention nouvelle, à base
plus technique [1].

Nous croyons avoir répondu à ce qui, dans cette manière
d'apprécier les articles additionnels, nous semble inexact.
Nous avons aussi montré certains des inconvénients que
présenterait l'élaboration d'une convention nouvelle telle
qu'elle serait alors comprise.

Mais, il est d'autres motifs pour lesquels les articles
additionnels étant, par hypothèse, à modifier, il convien-

---

(1) Auffret, *Les Secours aux blessés et aux naufragés des Guerres ma-*
*ritimes,* p. 14 et 15, p. 157. — Houette, *Conclusions du Mémoire.*

drait, suivant nous, de préférer leur refonte à la confection d'un texte répondant à des tendances nouvelles.

Nous l'avons dit, les articles additionnels, malgré leurs
mérites indéniables, ne satisfont pas à toutes les exigences
et ont le tort de ne pas prévoir certaines situations; ils
offrent des lacunes; mais ils contiennent des principes
généraux qui sont, en somme, fort acceptables, dans leur
ensemble sous la réserve d'être précisés ou modifiés en
plusieurs points. L'acte de 1868, est d'ailleurs consacré,
d'une manière générale, par l'approbation, sinon définitive et officielle, du moins à peu près universelle des États;
il a d'ailleurs été, en 1870 puis en 1898, reconnu à titre
de *modus vivendi* par les Gouvernements français et allemand, espagnol et américain. Il ne faudrait pas exagérer
la portée pratique de ce fait; mais il est néanmoins certain
que les articles additionnels y ont puisé une plus grande
force morale.

Enfin, le Projet de 1868, par là même qu'il existe depuis trente ans, n'a-t-il pas acquis, par une sorte de pres-
cription, un certain caractère de fixité et d'autorité, au
moins dans ses grandes lignes? Les États civilisés ne doi-
vent-ils pas être considérés comme liés par une sorte
d'approbation tacite? Il semble que oui, surtout en ce qui
concerne les Puissances qui ont fait parvenir, soit leur
adhésion formelle, soit une accession officieuse à l'œuvre
de la Conférence de Genève. Sans doute, nous avons montré plus haut comment le Projet, auquel tous les États
signataires de 1864 n'ont pas adhéré et qui n'a pas été
consacré par un échange régulier de ratifications, ne pou-

vait être regardé comme un contrat international obligatoire. Mais il n'en est pas moins vrai qu'une adhésion à
une convention humanitaire telle que celle de 1868, constitue, pour l'État qui en est l'auteur, une véritable obligation morale.

Les auteurs qui ont écrit sur la matière du droit international reconnaissent en général que, sans doute, l'absence de ratifications rend très douteuse la question de
savoir si les dispositions contenues dans les articles additionnels seraient observées, dans leur intégralité, en cas
de guerre; mais, ils expriment l'espoir que, guidées par
des sentiments d'humanité, les Puissances civilisées vou-
dront, très certainement, observer entre elles les règles
protectrices qui ont été élaborées [1].

Tout ceci prouve, en somme, qu'on ne peut faire abstraction des articles additionnels, que leur autorité s'impose; tout milite donc en faveur d'une simple révision du
texte et s'oppose à la théorie qui voudrait que l'on fît d'a-
bord table rase avant de procéder à la confection d'un texte
absolument nouveau.

Nous concluerons donc, dès maintenant, au maintien du
texte des articles additionnels de 1868, non pas à titre définitif, mais comme fondement des négociations futures;
nous verrons, en faisant l'historique du développement de

[1] Lawrence, *The principles of international law*, 2e édit., 1898,
p. 339.

la question, que l'étude approfondie des dispositions des
articles additionnels a amené ceux qui ont fait avec compétence l'étude de la matière à se prononcer pour la reconnaissance par les Puissances d'un texte analogue à celui
de 1868, sous le bénéfice de certaines modifications ou
adjonctions [1].

Dans le travail à accomplir il sera indispensable d'utiliser, dans une large mesure, les études des spécialistes,
même si l'on n'opère qu'une refonte de l'Acte de 1868 contrairement à leur avis; ces études fourniront aux diplomates des données pratiques souvent précieuses et contri-
bueront à mettre en relief certains des défauts que contient
le texte des articles additionnels.

Dans la dernière phase des travaux préparatoires de la
Convention future, qui commence après 1871 et à laquelle
nous allons maintenant passer, nous verrons que les Conférences et les Congrès successifs ont toujours considéré
les articles additionnels comme le point initial de toutes
les négociations internationales. Dans les discussions intervenues, aussi bien que dans les vœux émis, ces articles
concernant la marine ont toujours été visés.

Avant de rechercher quel est actuellement l'état de la
question, comment elle se présente devant l'opinion pu-

---

(1) De Vogüé, *Conclusions du Rapport à la Conférence générale des
Sociétés de la Croix-Rouge du 12 juin 1889. — Bulletin de la Société de
secours aux blessés militaires*, 2e série, Bulletin 16 (octobre 1889). —
Rouvier, *Conférence sur les Secours aux blessés des Guerres maritimes.
— Bulletin de la Société française de secours aux blessés*, n° 31, p. 46.
— Ferguson, *The Red Cross alliance at sea.*

blique ou devant la diplomatie, nous devons préalablement montrer quelles ont été les phases de son histoire depuis la guerre franco-allemande. Il nous faut donc maintenant reprendre l'historique des négociations au point où nous l'avons laissé; puis nous pourrons, en nous inspirant des idées émises ou en les critiquant, en utilisant les enseignements pratiques et les observations fournis par les incidents des guerres maritimes récentes, chercher à indiquer, en connaissance de cause, ce que devra contenir la Convention de l'avenir, quelle organisation sanitaire générale un Gouvernement soucieux de ses devoirs devra s'assurer en vue de la guerre maritime, dès le temps de paix.

# CHAPITRE VI

---

---

## 1º De 1870 à la réunion de la Conférence de Carlsruhe de 1887.

L'œuvre entreprise en 1868 et poursuivie par les négociations assez longues survenues entre la France, l'Angleterre, la Russie et le Conseil fédéral, avait été interrompue au moment où l'on pouvait espérer la conclusion imminente de la Convention diplomatique. On escomptait si bien un résultat immédiat que le Congrès international des Sociétés de la Croix-Rouge, tenu à Berlin en avril 1869, ne se borna pas à insister pour une prompte solution : l'organisation maritime des Sociétés de secours fut aussitôt entreprise et des vœux très précis émis à ce sujet.

La plupart avaient trait à l'organisation intérieure, pour ainsi dire, des Sociétés, et à leur fonctionnement : recrutement du personnel, choix du matériel de secours..., etc...; mais déjà, un vœu fut émis pour que le projet d'articles additionnels fût complété par l'adoption de deux pavillons spéciaux [1]. Ces propositions se rattachaient à l'idée que les Sociétés de la Croix-Rouge se faisaient d'un rôle presque actif qui devait leur incomber dans les guerres maritimes.

Pour hâter la solution de la question, le Comité central de Prusse organisa, lors du Congrès de Berlin, un concours sur le rôle maritime des Sociétés de secours. Le prix fut remporté en 1870 par M. Ferguson, ex-officier de la marine royale néerlandaise. Dans une autre époque, cette publication, dont un compte-rendu fut publié par le *Bulletin international* [2], eût peut donner une impulsion nouvelle au mouvement en faveur de l'extension des principes de 1864 à la marine, et eût engagé les Comités centraux des divers pays à agir, dans ce sens, auprès de leurs Gouvernements respectifs. Mais, le moment était loin de se présenter favorablement; après la crise violente qui venait de troubler la paix du monde, une période s'ouvrit, peu propice aux échanges de vues sur des problèmes humanitaires et internationaux.

[1] Voir plus loin (chapitre VIII).
[2] *Bulletin international*, n° 2 (janvier 1870), p. 52. — *Kriegerheil* de février 1870, n. 2, p. 19.

La Conférence des Sociétés de secours qui devait se réunir à Vienne en 1871 [1], puis en 1873, à l'occasion de l'Exposition universelle, ne fut pas tenue ; les événements de la dernière guerre étaient trop proches, les discussions soulevées par certaines violations de la Convention de Genève par les armées françaises et allemandes trop vives : le moment eût été mal choisi pour procéder à un projet de révision de la Convention de Genève. La question de l'extension à la marine fut donc ajournée.

※

Le Gouvernement russe venait de prendre l'initiative de la Conférence internationale qui devait se tenir à Bruxelles en 1874 lorsque le Conseil fédéral suisse fit une démarche nouvelle pour engager les États signataires de 1864 à reprendre les négociations interrompues et à adhérer aux articles additionnels de 1868. Depuis juillet 1870, aucune tentative semblable n'avait encore été faite. Il eût été intéressant d'arrêter, dans un acte définitif, les principes de la protection des militaires blessés des armées de terre et de mer, avant la réunion du Congrès de Bruxelles qui devait s'occuper d'autres questions touchant au droit de la guerre ; on eût ainsi constitué un véritable code international des conflits armés. Le Gouvernement anglais, qui était alors nettement hostile aux idées d'extension des secours hospitaliers conventionnels à la marine, répondit

(1) *Bulletin international,* nos 7 et 8 (juillet 1871), p. 180 et suiv.

à la communication de Berne par une fin de non-recevoir non déguisée : le prétexte invoqué, tiré des abus commis sous le couvert de l'emblème de la Croix-Rouge sur terre pendant la guerre franco-allemande, était le manque de précision du douzième article additionnel qui déterminant la couleur des drapeaux et batteries distinctives des na-vires hôpitaux militaires et des embarcations de secours, prévoit, pour les vaisseaux de la deuxième catégorie, l'exercice par les belligérants de « toute vérification qu'ils « jugent nécessaire ».

L'Angleterre possède, comme Puissance navale, une telle prépondérance, que sa mauvaise volonté ou son abstention sont une entrave à tout progrès maritime non approuvé par elle; aussi la question fut-elle ajournée.

❈

Sur l'invitation de la Russie, les délégués se réunirent à Bruxelles, le **27** juillet **1874**, pour élaborer un Projet de Convention internationale concernant les lois et coutumes de la guerre. Dans le programme préalablement rédigé figurait la réglementation de la situation des blessés et des non combattants [1].

Sur la demande de l'Allemagne, seul État n'ayant pas encore fait parvenir sa réponse à la proposition d'amende-ment à l'art. **12** additionnel présentée par la Russie, il fut reconnu, de nouveau, à la suite de négociations conduites

---

[1] *Actes de la Conférence de Bruxelles.*

par le Conseil fédéral [1], que la question de la ratification de l'Acte de 1868 serait considérée comme connexe au Projet de Convention russe. Il résulte de la correspondance diplomatique de l'époque, notamment des dépêches du Conseil fédéral, que la question de la ratification définitive des articles additionnels et des formes qu'elle affecterait devait être posée à la réunion de Bruxelles.

Malheureusement, la situation ne tarda pas à changer d'aspect; on reconnut bien vite que le Congrès de Bruxelles n'était réuni, ni pour procéder à une révision de la Convention de Genève, ni pour accélérer la ratification du Projet de 1868. Les membres de la Conférence firent une autre œuvre toute différente dont il n'y a pas lieu de s'occuper ici.

De leur tentative de rédaction des lois et coutumes de la guerre, il n'y a à retenir qu'un point : c'est la consécration des principes contenus dans la Convention de Genève [2], c'est la volonté affirmée par les États signataires d'en maintenir les termes et d'en respecter l'esprit [3]. En même temps, la Conférence de Bruxelles reconnut que la nécessité s'imposait de compléter l'Acte de 1864 par des dispositions additionnelles et il fut également question des articles du Projet de 1868; mais alors, des réserves expresses furent faites à ce sujet par plusieurs délégués, si bien que l'on décida en définitive que la Conférence n'avait pas à « s'aventurer dans le domaine des questions mari-

---

(1) *Bulletin international*, n° 23 (juillet 1875), p. 112 et suiv.
(2) *Bulletin international*, n° 24 (janvier 1875), p. 10 et suiv.
(3) *Actes de la Conférence*, p. 89.

« times ». Le travail préparé dans cet ordre d'idées par une sous-commission spéciale fut sans effet utile et il fut spécifié que « l'examen de tous les articles y compris ceux « concernant la marine n'impliquerait en rien la ratifica- « tion de ceux-ci ».

En résumé, la Conférence de Bruxelles de 1874, a laissé subsister, sans le modifier, l'édifice dans son état antérieur ; il n'a pas fait avancer d'un pas la question qui nous occupe.

En raison de ce résultat négatif, le Conseil fédéral déclara, lors de la séparation des membres réunis à Bruxelles, qu'il ne manquerait pas de saisir la première occasion favorable pour tenter de faire aboutir la ratification des articles additionnels. Cette déclaration fut enregistrée avec satisfaction et avec espoir par les Sociétés de secours, par les Comités centraux et par le Comité international de Genève.

Aussi, est-ce poussé en quelque sorte par le courant qui se produisait alors en faveur des articles additionnels, que le Comité international fit, en juillet 1882, une démarche pressante auprès du Conseil fédéral pour l'inviter à intervenir et à emporter la ratification des États intéressés [1]; le moment paraissait opportun au Comité international : à son avis la récente adhésion du Gouvernement des États-Unis, l'erreur commise par le cabinet de Wa-

[1] *Bulletin international*, n° 54 (mai 1883), p. 59 et suiv.

shington sur la force obligatoire des articles additionnels,
fournissait une occasion unique de reprendre l'affaire et
de la faire aboutir. Et alors, ce qui est un fait nouveau, le
Comité international distinguait entre les articles de 1868 :
il proposait l'abandon momentané du Projet de révision
de la Convention de Genève qui, ayant déjà soulevé de
vives discussions, et des objections assez graves, ne présentait pas de chances sérieuses d'être adopté ; mais, en
raison même de ce sacrifice, il insistait plus fortement que
jamais en faveur des articles additionnels concernant la
marine, articles sur lesquels les puissances paraissaient
être enfin tombées d'accord à la suite d'une correspondance diplomatique. Dans l'idée de M. Moynier, qui, en
cette circonstance comme dans toutes les autres, fut toujours l'âme du Comité international, la convocation d'une
Conférence internationale n'était même pas nécessaire pour
atteindre le résultat souhaité, les articles additionnels 6 à
15 devant être pris tels quels, sous le bénéfice des amen-
dements français, anglais et russe, un simple échange de
dépêches entre les Cabinets des différents États devait
suffire.

La tentative semblait, dans les circonstances où elle se
présentait, devoir être couronnée de succès : en effet, de
tous côtés venait, émanant des Sociétés de secours,
l'expression de souhaits très pressants en faveur d'une
Convention internationale qui permettrait aux Comités de
la Croix-Rouge de s'organiser pour l'assistance des blessés
sur mer.

C'est ainsi que l'Assemblée des délégués des Sociétés

françaises réunie à Paris en 1882 adressa au Comité international un vœu pour le prier « de s'efforcer d'obtenir la « ratification des principes contenus dans ceux des textes « additionnels de la Convention de Genève qui se rapportaient à la marine ».

Malheureusement le Conseil fédéral suisse ne crut pas devoir suivre le Comité international dans la voie que ce dernier lui traçait ; et il faut reconnaître qu'il motiva son refus par des considérations très fortes au point de vue juridique ou, plus exactement, au point de vue des usages internationaux et des convenances diplomatiques. Le Projet de 1868 constituant un acte international, un traité signé par les délégués des Puissances sous réserve de rectification, forme un bloc, un ensemble de dispositions ; diviser les deux parties de ce Projet, c'est en somme faire un Projet nouveau ; seule une Conférence internationale possédant les mêmes pouvoirs que celle de 1868 doit avoir qualité pour exclure du texte primitif les premières clauses modifiant la Convention de Genève.

Telles sont les raisons qu'invoqua, dans sa dépêche en date du 28 juillet 1882 [1], le Conseil fédéral pour combattre dans la forme, l'idée qui lui était soumise par M. Moynier au nom du Comité de Genève. Tout en regrettant cette fin de non-recevoir, en raison du nouveau retard qu'elle infligeait à l'avancement de la question, il faut, nous le répétons, rendre hommage à la parfaite correction des motifs exposés.

(1) *Bulletin international,* n° 54 (mai 1883), p. 62 et 63.

Nous ne ferons à cet égard qu'une réserve : la dépêche précitée adressée aux présidents du Comité international porte, *in fine,* que le Conseil fédéral « ne croit pas que ce « soit à la Suisse qu'il convienne de prendre l'initiative « d'une proposition de ce genre visant uniquement la ma- « rine; qu'il faut laisser ce rôle à une Puissance maritime, « et ne pas proposer aux signataires du traité additionnel « de 1868 précisément la ratification des seuls articles qui « n'intéressent point la Suisse ». Nous verrons dans la suite que tel ne fut pas toujours l'avis du Conseil fédéral en ce qui concerne sa propre autorité et son intervention en matière d'extension à la marine. A notre sens, le Conseil fédéral aurait pu avantageusement se dispenser d'invoquer son incompétence maritime; c'est un excès de modestie.

Ajoutons qu'il est d'un intérêt majeur que ce ne soit précisément pas une des grandes Puissances maritimes qui prenne la haute direction des négociations; il importe, au contraire, que le mouvement soit conduit par un État autant que possible neutre, mais dans tous les cas non directement intéressé à faire prévaloir, dans un but personnel, telles ou telles solutions plus ou moins absolues, voire même à les retarder indéfiniment; nous n'insisterons pas davantage sur ce point; chacun sait que le gouvernement d'un grand État, puissant sur mer, a passé, à une certaine époque, à juste titre sans doute, pour avoir des sentiments nettement hostiles à l'extension des principes de la Convention de 1864 à la marine.

Après l'échec de la tentative de M. Moynier, un long temps d'arrêt se produisit dans les négociations relatives de la ratification des articles additionnels.

La direction de la Société autrichienne de la Croix-Rouge avait pris, le 26 octobre 1882, l'initiative d'une Conférence internationale « des Gouvernements qui ont accédé « à la Convention de Genève, ainsi que des associations de « la Croix-Rouge ». Le Gouvernement austro-hongrois était bien, en principe, favorable à la réunion de la Conférence projetée ; mais, lorsque le bureau du Comité de direction de la Croix-Rouge autrichienne fit une démarche auprès de lui en vue des convocations à adresser aux Puissances, il fut répondu que le budget ne mettait pas de fonds à la disposition du Ministre de la Guerre pour les frais d'une Conférence internationale, et que la demande de la Société viennoise de secours ne pourrait être favorablement accueillie que quand les Sociétés de la Croix-Rouge d'Autriche-Hongrie seraient dotées d'une organisation définitive et complète.

C'était un refus. Aussi, par une dépêche du 20 mars 1883, la direction de la Société autrichienne s'en remit-elle au Comité international de Genève du soin de convoquer l'Assemblée des délégués des Comités centraux et des représentants des divers États (1).

(1) *Bulletin international*, n° 54 (mai 1883), p. 68.

Si nous parlons de ce Projet de Conférence à Vienne, c'est qu'un travail préliminaire important, dont une partie se rapporte à notre sujet, avait été accompli par les soins du Comité autrichien; il avait recueilli et dressé en une sorte de table les questions qui avaient été successivement présentées par les divers Comités centraux pour venir en discussion à la Conférence projetée [1]. Dans le programme provisoire élaboré, l'extension de la Convention de Genève à la marine avait sa place : le titre XIII contenait le désir déjà exprimé à Paris « que la prochaine Conférence ait « pour résultat la rédaction d'articles additionnels à la « Convention de Genève, conçus dans le même esprit que « ceux de 1868 » ; un vœu était également exprimé en faveur de la reconnaissance de la neutralité des vaisseaux-ambulances de la Croix-Rouge [2].

La liste des sujets énoncés renfermait maintes autres propositions intéressantes dont plusieurs étaient communes aux guerres maritimes et continentales. Ainsi : détermination officielle des rapports entre les Sociétés de la Croix-Rouge et les autorités militaires; abus du signe de la Croix-Rouge; vulgarisation des principes de la Convention de Genève dans le grand public et dans l'armée, etc.....

Tout ce travail fut stérile, du moins quant au résultat pratique.

[1] *Bulletin international*, n° 54 (janvier 1884), p. 9 à 27.
[2] *Bulletin international*, n° 57 (janvier 1884), p. 20.

C.                                                      8

Il est surprenant de constater qu'il ne fut question des guerres maritimes, ni dans les lettres de convocation adressées par le Comité international aux différents Comités centraux en vue de la Conférence internationale de Genève de septembre 1884 [1] (la première depuis celle de 1869), ni dans les travaux préparatoires [2], ni dans la rédaction du règlement intérieur [3]. Aucune résolution, aucun vœu ne furent votés par les représentants des Comités centraux réunis à Genève, et pourtant, la Conférence avait une grande importance, puisque la plupart des États signataires étaient représentés aux séances par des délégués qui, d'ailleurs, prirent fréquemment part aux discussions[4].

Malgré le mutisme observé au sujet de la question de l'extension à la marine et l'absence de communications diplomatiques entre les cabinets européens, la question ne demeurait pas moins dans certains milieux, notamment au sein des Comités des Sociétés de secours, à l'ordre du jour des préoccupations.

Celles-ci se reflétèrent à maintes reprises dans des publications d'un caractère en général fragmentaire, ou dans des Conférences de spécialistes.

(1) *Bulletin international,* n° 58 (avril 1884), p. 51.
(2) *Bulletin international,* n° 59 (août 1884), p. 122 et suiv.
(3) *Bulletin international,* n° 59 (août 1884), p. 183.
(4) *Bulletin international,* n° 60 (octobre 1884), p. 185 et suiv. — *Compte-rendu des travaux de la Conférence de Genève,* par Odier.

Tous les travaux de cette nature sont unanimes à attester l'insuffisance du droit conventionnel maritime actuel en cas de guerre et à souhaiter une prompte ratification du projet de 1868 qui deviendra, en quelque sorte, le pendant de la Déclaration de Paris de 1856 ; leurs auteurs font ressortir la différence essentielle, existant entre les guerres maritimes et continentales, qui ne permet pas d'appliquer purement et simplement les clauses de l'acte de 1864 aux premières et protestent, au nom de l'humanité, contre l'inégalité choquante dont souffriraient en cas de conflit armé les victimes des combats sur mer comparées aux blessés des champs de batailles [1].

### 2° De 1887 à la réunion de la Conférence de Rome de 1892.

A la Conférence internationale de Genève de septembre 1884, il avait été décidé que la prochaine réunion des délégués des Sociétés se tiendrait à Carlsruhe. Elle se réunit, dans cette ville, au mois de septembre 1887. Au programme des séances ne figurait pas primitivement la

---

(1) Cf. Entre autres publications : 1° Compte-rendu de M. le docteur Riant, *Bulletin de la Société. française*, n° 40 ; — *Bulletin international*, n° 54 (mai 1883), p. 71 à 76. — 2° Roszkowski, *La Convention de Genève* (en polonais), compte-rendu de ce livre dans le *Bulletin international*, n° 70 (avril 1887), p. 61 à 63.

question spéciale à la marine. Elle y fut néanmoins inscrite sur la demande du Comité central des associations
de la Croix-Rouge de Berlin et du Comité international de
Genève [1]. Les Gouvernements en furent avisés. Aussi
bien, plusieurs Puissances navales se firent représenter
au Congrès de Carlsruhe par des délégués officiels de leurs
ministères de la marine : le Gouvernement français, en
particulier, avait en la personne de M. le docteur Hyades
un représentant qui avait reçu des instructions spéciales et
que l'on pouvait considérer, jusqu'à un certain point, comme
le porte-parole de l'Administration de la Rue Royale.

Comme c'est le cas le plus fréquent, l'accord était loin
d'exister au sein de l'Assemblée sur la procédure à suivre
pour atteindre le but que chacun avait en vue. M. Haas,
rapporteur, lut un travail sur l' « activité maritime des
Sociétés de la Croix-Rouge », au nom du Comité central
des associations allemandes [2]. Après avoir fait tout l'historique de la question, M. Haas concluait en proposant à
l'Assemblée de se dessaisir de la question et d'attendre,
avant de délibérer utilement sur ce point, que les Gouvernements signataires de 1864 eussent adhéré aux articles
additionnels ou adopté, à leur sujet, des dispositions d'un
caractère définitif. Ainsi, de l'avis du Comité central allemand, c'était non seulement le maintien du statu-quo,
mais l'absence d'une décision provisoire dans un sens
quelconque.

(1) *Bulletin international,* n° 71 (juillet 1887), p. 177.
(2) *Bulletin international,* n° 72 (octobre 1887), 161 et suiv., p. 169.
— *Compte-rendu des travaux de la Conférence de Carlsruhe,* par Odier.

C'est alors qu'intervint notre représentant officiel M. le docteur Hyades, qui se prononça nettement dans un sens opposé : à son avis, il n'était pas admissible que l'affaire fût ainsi enterrée; parlant au nom du ministère de la marine il déclara que la France accepterait, dès ce moment, l'intervention de la Croix-Rouge dans les guerres maritimes. Le délégué de l'Italie appuya sa proposition et la Conférence de Carlsruhe, en votant le principe de l'application à la marine, chargea le Comité international de Genève de procéder aux travaux nécessaires pour le Congrès prochain, celui de Rome.

En exécution des décisions intervenues à Carlsruhe, le Comité international s'empressa, par une circulaire du 18 juin 1888 [1], de reprendre la direction du travail préparatoire. Rappelant les décisions de la Conférence et les interprétant, il développait cette idée que les Comités centraux devaient collaborer avec lui dans son étude sur « l'activité maritime » [2] des Sociétés de la Croix-Rouge; il sollicitait un actif concours des Comités centraux, spécialement de ceux des pays maritimes et leur faisait apparaître, comme couronnement de leurs efforts, la ratification par les Puissances des articles additionnels révisés. Enfin, le Comité international aiguillait dans trois directions les recherches des Comités centraux : le rôle des So-

[1] *Bulletin international,* n° 75 (juillet 1888), p. 87.
[2] Depuis la Conférence de Carlsruhe cette expression a été sans cesse employée : la formule « activité maritime de la Croix-Rouge » se rencontre dans toute la correspondance internationale, dans les publications et les rapports du Comité international.

ciétés de secours dans une guerre maritime, leur matériel, leur personnel. Tel est l'esprit de la très remarquable circulaire adressée aux présidents des Comités centraux : la question était clairement et sobrement posée. Nous verrons qu'il y fut répondu par une abondante moisson de documents et de rapports, fruits des études des Comités des divers pays.

Les Comités centraux de plusieurs Puissances se livrèrent à des travaux fort complets, non seulement sur le rôle des Sociétés de la Croix-Rouge et sur leur organisation, mais encore sur les moyens diplomatiques à employer pour faire agréer, par les Gouvernements, comme loi internationale, le principe de l'application des secours à la marine. Ce qui fait l'importance de certains des rapports qui furent adressés au Comité international avant la réunion de la Conférence de Rome de 1892, notamment de ceux venus de France, de Russie, d'Autriche, d'Italie et de Danemark, c'est que leurs conclusions sont sorties d'une entente ou d'une collaboration des délégués des Sociétés nationales de secours avec les autorités maritimes officielles. L'opinion exprimée dans les rapports en question peut donc être considérée comme le reflet très direct des tendances des divers Gouvernements [1].

Nous ne nous proposons pas d'analyser en ce moment,

---

(1) Voir les numéros du *Bulletin international* et surtout le rapport adressé par M. le professeur d'Espine au nom du Comité international de la Croix-Rouge à MM. les présidents et membres des Comités centraux sur l'activité maritime de la Croix-Rouge. — Fascicule publié à Genève à l'occasion de la Conférence de Rome (janvier 1892).

dans leur détail, le contenu des mémoires présentés par les différents Comités; nous passerons sous silence tout ce qu'ils contiennent de relatif à l'action des Sociétés de secours, à leur organisation, à leur matériel et à leur personnel. Nous utiliserons plus tard toutes ces données, lorsque nous nous livrerons à l'étude du rôle qui devra incomber sur mer aux associations hospitalières. Il est d'ailleurs nécessaire d'arriver à une entente internationale sur la question de principe avant de songer à définir, d'une manière précise, le fonctionnement des services publics ou privés qui interviendront sur le théâtre des hostilités ou qui assureront les évacuations.

Les rapports de Comités centraux des sociétés allemandes, autrichiennes, italiennes et danoises, sans se prononcer expressément en faveur d'un vœu à adresser aux Puissances intéressées, exprimaient le désir que celles-ci s'entendissent, à bref délai, pour assurer sur mer la protection organisée par la Convention de Genève. Suivant ces sociétés, l'œuvre du prochain Congrès devait surtout consister dans la définition de la mission des œuvres de secours dans les guerres maritimes. Nous l'avons dit, ce n'était là que la reproduction de la pensée des Gouvernements allemand, autrichien, italien et danois qui avaient été consultés, lors de la rédaction des différents rapports.

Le Comité central des Sociétés russes de la Croix-Rouge s'appropria, dans son travail, les opinions du Ministère de la Marine au sujet de l'entente diplomatique à intervenir. Le Comité de Saint-Pétersbourg exprima cette idée que les Sociétés de la Croix-Rouge n'avaient pas qualité pour prendre l'initiative d'un Congrès officiel de plénipotentiaires et que l'on devait attendre l'impulsion des Gouvernements signataires de 1864. Il lui paraissait donc inutile de songer à déterminer le mode et l'étendue de l'activité des Sociétés de la Croix-Rouge avant qu'une solution préalable fût intervenue, et souhaitait seulement que la Conférence de Rome émît un vœu en faveur de l'extension à la marine.

Sur ce dernier point les mémoires des Comités centraux étaient unanimes : aussi ne considéraient-ils que comme ayant une valeur d'attente, tant que l'action diplomatique des Gouvernements ne se produirait pas, les documents adressés par eux aux Comités de Genève.

Nous faisons une mention toute spéciale du travail de la Société française de la Croix-Rouge qui nous intéresse particulièrement et dont les conclusions, dans l'ordre d'idées qui nous occupe, diffèrent sensiblement de celles des mémoires des Sociétés étrangères.

Conformément à la demande contenue dans la circulaire du 18 juin 1888, qui lui fut adressée par le Comité international de Genève, la Société française de secours aux blessés militaires inscrivit à l'ordre du jour de ses études l'activité maritime de la Croix-Rouge. Le Conseil de la Société de la rue Matignon donna mission à M. de Vogüé de préparer un rapport sur la question : il fut présenté à la séance du Conseil d'administration du 12 juin 1889 [1]; un délégué du Ministre de la Marine était pré-

---

(1) *Bulletin de la Société de secours aux militaires blessés*, n° 16 (octobre 1889).

sent. Dans son remarquable rapport M. de Vogüé refaisait l'historique de la question ; avant d'étudier ce qui concerne spécialement la réglementation des Sociétés de la Croix-Rouge sur mer, il montrait la nécessité préalable à toute initiative privée d'une entente internationale et d'une Convention diplomatique. Il proposait à l'Assemblée « d'é-« mettre le vœu que les Puissances signataires de la Con-« vention de Genève reprissent l'examen des articles « additionnels concernant la marine », de manière à arri-ver à « une entente commune relativement à l'intervention « de la Croix-Rouge dans les guerres navales ». Nous nous reporterons, dans un prochain chapitre, au développement du rapport, touchant à l'organisation des Sociétés de secours et à la question des services de sauvetage et d'évacuation.

Les conclusions du rapport de M. de Vogüé furent approuvées par l'Assemblée et transmises au Ministre de la Marine, ainsi que le procès-verbal de la séance sur la demande de l'officier délégué [1].

M. le Ministre de la Marine soumit à une Assemblée technique, le Conseil d'amirauté, l'étude de la question. Les inspecteurs généraux prirent également, et plus récemment, une délibération sur les articles additionnels de 1868 et sur les modifications dont ils seraient susceptibles lors d'une entente internationale future ; ils élaborèrent un Projet de Convention qui ne fut pas rendu public et qui, jusqu'ici semble avoir conservé un caractère à peu près confidentiel.

---

(1) *Bulletin international,* nᵒ 81 (janvier 1890), p. 13 et suiv.

Sans insister davantage sur ce point, contentons-nous de constater que l'Administration française de la marine s'est montrée absolument favorable à une action diplomatique éventuelle tendant à faire reconnaître par les Gouvernements un texte sensiblement semblable à celui de 1868.

En décembre 1891, M. de Vogüé adressa au nom du Comité central de la Société française de secours un rapport sur l'activité maritime de la Croix-Rouge : les secours sur mer ne seront praticables, spécialement de la part des associations sanitaires et de sauvetage, que quand une Convention internationale assurera la neutralité indispensable au personnel et aux navires hospitaliers. Aussi, le rapport conclut-il à ce que la Conférence de 1892 soit amenée à voter un vœu en faveur de la reprise, par les Puissances signataires de la Convention de Genève, des négociations diplomatiques relatives aux guerres navales.

Le rapport de M. de Vogüé, contenait, en un point, une opinion différente de celle des mémoires rédigés par les soins des Sociétés étrangères de secours : M. de Vogüé estimait que la Conférence de la Croix-Rouge, dont les membres allaient être convoqués, ne dépasserait pas les limites de sa compétence « en étudiant les objections qui « ont été soulevées et en recherchant les moyens de « leur donner satisfaction ». Nous ne savons si M. le Ministre de la Marine de 1889 a partagé la manière de voir du rapport de la Société française, le Conseil d'amirauté n'ayant pas fait connaître son avis, sur ce point.

Ce rapide historique ne serait pas complet, si, avant

d'arriver à 1892, date de la réunion de la Conférence de Rome, nous omettions de signaler certains faits qui, sans doute, n'ont pu faire avancer pratiquement la question, mais qui cependant sont la preuve manifeste que l'activité maritime des secours sur mer devenait, de plus en plus, la préoccupation des médecins, des philanthropes et des marins.

En 1889, à Paris, à l'occasion de l'Exposition universelle se tint le Congrès des œuvres d'assistance en temps de guerre; la question de l'adaptation des secours aux victimes des guerres navales qui aurait mérité, semble-t-il, d'occuper une place d'honneur dans les discussions, ne fut pas inscrite au programme; mais on vota avant de se séparer une adresse aux Sociétés de secours au sujet de leur action sur mer, pour les engager à s'entendre, à s'organiser et à agir auprès de leurs Gouvernements respectifs pour arriver au résultat poursuivi.

Au Congrès médical international de Berlin de 1890, des vues furent échangées sur l'activité maritime des Sociétés de la Croix-Rouge[1]. On constata une fois de plus la nécessité impérieuse d'une entente entre les Puissances et contrairement à la proposition d'un médecin de la marine italienne, sur la demande de M. le docteur Hyades il fut décidé que l'étude du Projet admettant les Sociétés de la Croix-Rouge à participer aux secours sur mer ne serait pas donnée au Gouvernement allemand mais continuerait à être confiée aux bons soins du Comité international de Genève.

(1) *Bulletin international*, n⁰ 86 (avril 1891). — Rapport du docteur Wenzel. Voir conclusions reproduites, p. 38.

Enfin, à la veille de la Conférence de Rome, désireuse de provoquer une étude très complète sur la question de l'extension des secours aux victimes des guerres maritimes, destinée à faciliter la préparation d'un accord international, l'*Union des Femmes de France* organisa un concours sur la matière [1]. Le prix fut remporté par M. Houette, alors capitaine de frégate. Son mémoire fournit d'excellents renseignements techniques sur les secours applicables dans les diverses éventualités des combats maritimes et a le mérite de traiter d'un cas non encore prévu, celui du navire d'un des belligérants déposant dans un port neutre des blessés ou des naufragés [2]. Un projet de Convention internationale y faisait suite. Nous avons eu plus haut l'occasion de parler de ce mémoire en disant qu'il avait, selon nous, le tort de faire trop bon marché des articles additionnels de 1868 [3].

### 3° De la Conférence de Rome à nos jours.

Grâce aux nombreux travaux que nous avons énumérés, grâce surtout aux rapports des Comités centraux et des

---

(1) *Revue du Droit international,* t. XXIII, 1891, p. 90 et suiv. — *Bulletin international,* n° 86 (avril 1891), p. 52 et suiv.

(2) *Bulletin international,* n° 91, p. 150. Compte-rendu non signé.

(3) Cf. Rapport de M. Louis Renault, *Sur les mémoires présentés au concours de l'Union des Femmes de France.*

Sociétés de secours des différents pays, la question était mûre pour la discussion, voire même pour la réalisation diplomatique, lorsque le 8 juillet 1891, le Comité international annonça, par une circulaire, la réunion à Rome de la cinquième Conférence internationale des Sociétés de la Croix-Rouge [1].

L'activité maritime de la Croix-Rouge fut inscrite au dixième rang des questions proposées par le Comité de Genève pour les délibérations de la Conférence de Rome [2].

M. le professeur d'Espine rédigea le rapport d'ensemble du Comité international; ce travail qui contient, avec les idées personnelles de son auteur, l'exposé des vues et des vœux des Sociétés de secours des différents pays [3], fut adressé par les soins du Comité international aux Présidents et aux membres des Comités centraux [4].

La Conférence internationale de Rome s'ouvrit le 21 avril 1892 [5]; le rapporteur du Comité international exposa la mission qui avait été confiée au Comité international à Carlsruhe et fit ressortir le progrès accompli depuis 1887, en raison surtout de l'entente survenue, dans les différents pays, entre les Sociétés de secours et les autorités maritimes. Enfin, il s'étendit longuement sur le contenu des rapports adressés au Comité international en vue de l'or-

---

(1) *Bulletin international,* n° 87 (octobre 1891), p. 81.

(2) *Bulletin international,* n° 89 (janvier 1892), p. 45.

(3) Rapport de M. le professeur d'Espine; *Publication du Comité international* (janvier 1892).

(4) *Bulletin international,* n° 90 (avril 1892), p. 59.

(5) Cf. *Procès-verbal de la Conférence de Rome,* 1892.

ganisation matérielle des secours et de la définition du rôle des associations de la Croix-Rouge.

Une commission spéciale fut chargée d'examiner la question de la marine et l'opportunité d'un vœu à adresser aux Puissances; son président, M. de Vogüé fit apparaître en termes excellents les inconvénients de la situation; il montra que l'action des Sociétés de la Croix-Rouge serait paralysée sur mer tant qu'elle n'aurait pas pour fondement « la base solide que la Convention de Genève a « donnée à l'action de la Croix-Rouge sur terre ». Il importait de signaler une fois de plus à la haute attention des Gouvernements l'intérêt majeur de la conclusion d'un accord international.

Le président de la Commission déposa donc, sur le bureau du Congrès, le vœu suivant : « La cinquième Con- « férence de la Croix-Rouge émet le vœu, que les Puis- « sances signataires de la Convention de Genève s'enten- « dent pour étendre les bienfaits de cette Convention aux « guerres maritimes dans les conditions et dans la mesûre « qui leur sont applicables ».

Une discussion s'engagea au sujet du texte du vœu à adopter; deux membres de la Conférence, M. de Mundy et M. de Martens, insistèrent pour qu'il revêtit un caractère plus explicite et plus complet : M. de Mundy eût voulu que le texte voté fit allusion aux précédents et rappelât tout au moins les vœux antérieurement émis [1].

(1) Amendement présenté par M. de Mundy : « Considérant que la « question de la marine a déjà été traitée officiellement et diplomatique- « ment en 1868, à Genève, par les délégués des différents Gouvernements

Au cours des débats soulevés sur ce point, plusieurs membres qui firent d'ailleurs dévier quelque peu la discussion, développèrent des vues intéressantes. Ainsi M. le docteur Bocca, délégué italien, fit une comparaison fort judicieuse entre les échelons sanitaires des combats maritimes ou continentaux et montra la nécessité de l'admission des secours des vaisseaux neutres; il termina en déposant, lui aussi, un amendement qu'il ne maintint d'ailleurs pas. Un autre délégué italien combattant l'amendement Mundy fit, en une démonstration très exacte, la distinction du rôle des Conférences analogues à celle de Rome et de celui des Congrès de plénipotentiaires; il n'eut pas de peine à prouver que les Gouvernements avaient la possibilité de s'entendre directement sur bien des questions qui ne peuvent aucunement être résolues par des Assemblées ayant un caractère purement officieux.

M. de Martens déclara qu'il pensait de même, qu'il lui paraissait irréalisable de faire venir en discussion les multiples détails que soulève la question de l'application à la marine. Mais, en raison de l'importance toute spéciale d'un précédent qui s'était produit en France (accord entre la Société de sauvetage, le Ministère de la Marine et la Société de secours aux blessés militaires) il demanda que mention en fût faite dans le vœu à voter (1).

« signataires de la Convention de Genève et que le projet formulé à « cette époque avait déjà été accepté, comme *modus vivendi*, pendant « les guerres de 1870-1871 et de 1877-1878 par les parties belligéran- « tes... ». Suit le texte du vœu proposé par la Commission spéciale.

(1) Amendement présenté par M. de Martens : « Considérant que l'u-

Après des échanges de vues, l'accord parut se faire et la Conférence de Rome décida de s'en tenir à la rédaction moins prolixe et tout aussi explicite proposée par M. de Vogüé au nom de la Commission.

Ainsi donc, les travaux préliminaires des Comités centraux et des Sociétés, l'œuvre d'ensemble du Comité international aboutirent à un simple vœu exprimé par la Conférence de Rome. Le résultat est modeste si on le compare à l'importance des documents produits en 1891 et 1892; malheureusement les délégués de Rome n'avaient pas qualité pour rédiger un acte qui put servir de base aux négociations des Gouvernements sur la question.

La réserve qu'ils observèrent fut sévèrement jugée par certains, qui, sans nier l'utilité du vœu, eussent désiré qu'on aboutit à Rome à une œuvre plus pratique [1].

Il ne faut pas faire aux membres de la Conférence de 1892 ce reproche; sans doute, il est infiniment regrettable, qu'après vingt-quatre ans, il ait fallu exprimer à nouveau

« tilité des articles additionnels de la Convention de Genève de 1868 « concernant la Croix-Rouge en cas de guerre maritime a été reconnue « par toutes les Puissances signataires de la Convention de 1864 et que « des expériences pour les mettre en pratique ont été faites, la cinquième « Conférence internationale des sociétés de la Croix-Rouge émet le vœu « que les Puissances signataires de la Conférence de Genève s'entendent « pour étendre les bienfaits de cette Convention aux guerres maritimes, « dans les conditions et dans la mesure qui leur sont applicables et elle « attire l'attention particulière des Puissances sur la nécessité de garantir « l'inviolabilité, en temps de guerre maritime, des embarcations des So- « ciétés de sauvetage des naufragés ».

(1) Cf. dans ce sens, Auffret, *Les Secours aux blessés et aux naufragés des Guerres maritimes,* p. 13 et suiv.

un vœu purement théorique et platonique; mais il importe de distinguer soigneusement les deux aspects de la question et de séparer le rôle des plénipotentiaires, dont la mission est de traiter, de la tâche des spécialistes qui devront procéder à une étude technique.

Les Sociétés de secours et le personnel spécial qui s'y rattache ont à recueillir toutes les indications, à grouper tous les renseignements qui seront consultés, lors des négociations officielles, en vue de la conclusion de la Convention. C'est là précisément ce que firent les Sociétés de secours qui adressèrent leurs rapports avant 1892 au Comité international. Mais, il est inadmissible que des associations privées entreprennent de légiférer ou de formuler des projets d'actes internationaux surtout lorsque, comme c'est précisément notre cas, il existe déjà un traité international soumis à la ratification des Gouvernements intéressés.

La Conférence de Rome avait chargé le Comité central italien de poursuivre, par tous les moyens en son pouvoir, la réalisation de la résolution qu'elle avait votée. Ce Comité entreprit immédiatement la tâche qu'il avait acceptée, ne possédant pas une qualité officielle suffisante pour correspondre directement avec les différents États, il s'adressa au Gouvernement italien [1] : il sollicita de lui, qu'après une entente entre les ministères de la marine et des affaires Étrangères, une tentative eût lieu auprès des Puissances pour provoquer de nouvelles négociations sur la

(1) Lettre du 16 mars 1893.

C.                                              9

question. Enfin le Comité central de Rome fit un travail préliminaire important résumant les principes essentiels de la matière.

Le Cabinet italien se déclara partisan de l'extension projetée à la marine et d'une action internationale entreprise dans ce but; il se prêta à une étude officielle de la question et réunit une commission mixte composée de délégués du Ministère de la Marine, du Ministère des Affaires Étrangères et des représentants des Sociétés de secours italiennes. Un nouveau texte fut rédigé.

Contrairement à l'attente du Comité central italien, le Gouvernement royal ne crut pas devoir prendre immédiatement l'initiative diplomatique sollicitée : par une dépêche du 6 juin 1897, il fit connaître au Comité de Rome qu'il était toujours prêt à entreprendre les ouvertures utiles auprès des Puissances signataires de la Convention de Genève, mais qu'en raison des précédents et du rôle traditionnel joué jusqu'alors dans les négociations internationales par la Suisse, il convenait de laisser au Conseil fédéral la tâche de mettre les Puissances en mesure de s'entendre diplomatiquement. C'était rendre un hommage de courtoisie des plus mérités au dévouement de l'Assemblée de Berne; c'était aussi une décision fort sage. S'il était naturel, conformément au désir exprimé par la Conférence de 1892, que le Comité central d'une Puissance possédant une marine, l'Italie, fut chargée de réunir les matériaux nécessaires pour les discussions futures, il n'y avait pas de motif pour dessaisir le Conseil fédéral suisse de la direction diplomatique de l'affaire au profit du Gouvernement

italien. Bien plus, ce dernier n'eût point eu qualité pour
agir : il n'avait pas reçu de délégation de la part des différents États intéressés.

La Suisse fut sensible à l'offre gracieuse de l'Italie; elle
accepta avec empressement de continuer la « tradition his-
« torique » qui faisait d'elle, en même temps que le tru-
chement des Puissances, pour ainsi dire, la force dirigeante
de la Croix-Rouge. Elle assuma la charge d'inspirer les
négociations futures nécessaires pour faire consigner, dans
un acte diplomatique, les principes de l'extension à la
marine.

D'ailleurs, depuis 1892, le Conseil fédéral n'avait pas
perdu de vue la question; sans doute, il n'avait pas fait de
démarches effectives, en vue de la réalisation du vœu de
la Conférence de Rome; mais ses préoccupations avaient
si bien porté sur la situation des blessés des guerres maritimes que, dans sa dépêche du 8 juin 1897, adressée au
Gouvernement italien, le Gouvernement de Berne pouvait
dire qu'il s'était déjà occupé de l'affaire et qu'il s'était li-
vré à des travaux préparatoires dont l'achèvement devait
être prochain.

En 1893 notamment [1], puis en 1896 [2], un groupe d'officiers supérieurs de l'armée helvétique, partisans de la
révision de la Convention de Genève élaborèrent un projet
et le présentèrent au Conseil fédéral. Le texte émanant
des délibérations de ces officiers, notamment celui que
signa le colonel-médecin en chef Ziegler, n'avait trait qu'à

(1) *Bulletin international*, n° 95 (juillet 1893), p. 124.
(2) Ziegler, *Révision de la Convention de Genève*.

la révision, *stricto sensu*, de l'Acte de 1864 : les questions maritimes en étaient soigneusement exclues. Le Comité international consulté par l'autorité fédérale sur la valeur théorique et technique de ce document exprima un avis favorable en ce qui concerne l'adaptation des réformes proposées à la législation conventionnelle antérieure, mais insista pour que l'oubli de la marine fût réparé. Le Conseil fédéral s'appropria ces conclusions.

Dans la récente publication du Comité international de Genève, M. Moynier présente un projet de révision de la Convention de 1864 qui contient l'extension des principes de celle-ci à la guerre navale. Il y aura lieu d'en parler plus loin [1].

Les délégués des Comités centraux, convoqués par une circulaire du Comité autrichien, en date du 1ᵉʳ juin 1897, se réunirent à Vienne le 19 septembre 1897. La Conférence s'ouvrit, au point de vue qui fait l'objet de nos études, sous les meilleurs auspices : le Comité international et le bureau

[1] Moynier, *La révision de la Convention de Genève. Publication du Comité international, 1898.* — Cette étude a fait l'objet d'une communication à l'Académie des Sciences morales et politiques, dans sa séance du 25 février 1899. — Voir le *Journal officiel* du 27 février, p. 1380. — Des observations furent présentées par MM. Desjardins et Aucoc ; M. Desjardins déclara qu'il est « du devoir des Académies de signaler et « d'appuyer toutes les réformes d'ordre pratique qui peuvent être étu- « diées dans la prochaine Conférence du désarmement » et affirma qu'il « jugeait possible « d'améliorer la Convention de Genève dans la sphère « des guerres continentales et de l'étendre en outre à la sphère des « guerres maritimes ».

de la Société autrichienne avaient préparé un programme fort complet des questions présentées par les divers Comités ; des documents touchant à l'ordre d'idées de l'application à la marine furent envoyés à Vienne, notamment par le Comité de Russie qui, d'accord avec les représentants du Gouvernement italien avait élaboré un projet assez détaillé en trente articles [1] et par le Comité central français qui avait chargé M. de Vogüé de préparer un rapport [2] ; ce rapport, très général, rappelle le vœu de 1892, l'accueil sympathique dont il a été l'objet de la part des Gouvernements; son auteur exprime le regret que des démarches positives n'aient pas été poursuivies en vue d'une solution et n'a pas de peine, en évoquant le souvenir des guerres navales survenues depuis 1892 à démontrer qu'il est indispensable de jeter les bases d'une entente internationale. Enfin, il fait ressortir que, comme il appartient aux Gouvernements de prendre l'initiative, les Sociétés de secours ne peuvent que préparer les voies tant par leurs travaux que par leurs vœux répétés. En conséquence, le Comité central français concluait en proposant à la Conférence de Vienne d'émettre un vœu en faveur de l'extension aux guerres maritimes des bienfaits de la Convention de Genève [3].

[1] Voir le projet dans les *Archives diplomatiques*, 37ᵉ année, nᵒ 9 (septembre 1897), p. 360 à 362. Il est également reproduit parmi les annexes du livre de Romberg, *Belligérants blessés prisonniers de guerre*.

[2] *Procès-verbal de la Conférence internationale de Vienne de 1897*, p. 118, sous le titre dix-septième question dans la première partie du volume consacrée aux Rapports.

[3] *Bulletin international*, nᵒ 112 (octobre 1897), p. 305 et suiv.

Nous n'avons nullement l'intention d'exposer ici, par le détail, les séances de la Conférence de 1897. Le procès-verbal de cette Conférence donne une idée fort complète des discussions; il suffit de se reporter à la traduction du rapport italien.

Ce rapport ne contient guère qu'un historique, d'ailleurs fort touffu de la question; son complément est le projet de règlement que nous avons déjà signalé. Mais les discours des membres français et d'un délégué autrichien sont à relever spécialement.

M. de Vogüé développa les termes de son rapport, précisant le rôle des Sociétés de la Croix-Rouge sur mer et insista avec chaleur sur le devoir qui incombe aux Gouvernements de hâter la solution d'une question pendante depuis trente ans.

M. Renault, délégué officiel du Gouvernement français, rendit un hommage mérité aux travaux du Comité central italien et au dévouement inépuisable du Conseil fédéral suisse, puis introduisit dans la discussion un élément nouveau des plus intéressants pour qui n'est pas indifférent à l'adoption prochaine d'un acte international favorable à la Croix-Rouge sur mer. Faisant allusion à l'œuvre générale de révision préparée par le Comité international de Genève avec l'approbation de l'Assemblée de Berne [1], M. Renault se prononça pour la disjonction des dispositions concernant la marine d'avec celles contenant des réformes à l'Acte de 1864, estimant à juste titre « plus

[1] Moynier, *La révision de la Convention de Genève,* 1898.

« urgent d'introduire des règles là où elles font absolu-
« ment défaut que d'améliorer celles qui existent déjà ».

M. Lœw, délégué autrichien, n'aborda pas la discussion
au point de vue général, mais fit une communication fort
instructive sur l'organisation et le développement de l'ambulance maritime de la Société de la Croix-Rouge des
dames de Trieste, née de l'accord survenu entre la Société
de secours, les autorités militaires austro-hongroises et la
Compagnie de navigation du Lloyd.

Nous ne pouvons que nous référer à ce qui a été dit
plus haut à propos de l'adoption du vœu de 1892, en ce
qui concerne celui de 1897; les mêmes motifs expliquent
pourquoi la Conférence de Vienne ne pouvait ni ne devait
avoir d'autre visée que d'appeler, à nouveau, la haute et
bienveillante attention des Gouvernements sur l'urgence
d'une solution favorable aux victimes des guerres navales.

Voici le texte de la résolution [1] qui fut adoptée à
l'unanimité par la Conférence de Vienne, sur la proposition
de M. de Vogüé : « La sixième Conférence internationale
« renouvelle le vœu émis par la cinquième Conférence
« réunie à Rome en 1892 invitant les Puissances signa-
« taires de la Convention de Genève à s'entendre pour
« étendre les bienfaits de cette Convention aux guerres

(1) *Procès-verbaux de la Conférence de Vienne.*

« maritimes dans les conditions et dans la mesure qui leur
« sont applicables.

« Elle remercie le Gouvernement italien des démarches
« qu'il a déjà faites, et le Gouvernement suisse de l'initia-
« tive qu'il est disposé à prendre.

« Elle invite les diverses Sociétés de la Croix-Rouge à
« insister auprès de leurs Gouvernements respectifs pour
« qu'un bon accueil soit réservé par eux aux ouvertures
« du Gouvernement fédéral et pour que de plus longs
« délais ne viennent pas retarder l'œuvre de justice et
« d'humanité qu'elle poursuit. »

4° **État actuel de la question.**

L'Empereur Nicolas II, par une communication gouver-
nementale du mois d'août 1898, remise aux représentants
étrangers par les soins de M. le comte Mourawief, a invité
les Puissances à se faire représenter à une Conférence
dont la mission serait d'étudier les moyens de diminuer le
fardeau toujours plus lourd des armements modernes et
de prévoir les conflagrations qui menacent de troubler la
paix du monde.

Cette proposition généreuse, émanée d'un Souverain
éclairé et ami de la paix, a produit dans l'univers entier
une impression profonde; la plupart des Gouvernements

l'ont accueillie avec des démonstrations sympathiques.
Mais, étant donnés les termes volontairement assez vagues
dans lesquels était conçue la circulaire, certains l'inter-
prétèrent d'une manière trop absolue dans le sens du
désarmement et il en résulta des méprises singulières sur
sa véritable signification; aussi des réserves furent-elles
formulées : c'est ainsi que dans des pays dont les forces
militaires sont presque exclusivement navales, l'opinion
fut émise que la diminution des effectifs ne devrait s'appliquer qu'aux armées de terre; c'est ainsi qu'ailleurs le
sentiment patriotique s'inquiéta en entrevoyant, dans
l'abandon d'une armée nationale, une renonciation à des
revendications imprescriptibles.

C'était là une méprise singulière sur la véritable signification de la circulaire russe.

Une nouvelle communication diplomatique de M. le
comte Mourawief est intervenue au mois de janvier 1899.
Très fortement motivée, elle montre, sous son véritable
aspect, l'horizon politique et pressent les Gouvernements
sur l'opportunité de la réunion prochaine de la Conférence
projetée ; enfin, elle présente à l'approbation des Cabinets
un programme des travaux qui pourraient être confiés aux
délégués des États.

Une évolution marquée vers des buts plus précis se
manifeste dans la deuxième circulaire qui élargit le champ
de la discussion. La question de la limitation des effectifs
reste en première ligne; d'autres dispositions concernent
l'interdiction de certains explosifs, projectiles et procédés
nouveaux de destruction sur terre ou sur mer; d'autres

encore, visent l'établissement du principe de l'arbitrage, la révision des lois et coutumes de la guerre.

Suivant la loi que nous nous sommes imposée nous nous interdirons des développements qui dépasseraient les limites de notre sujet; nous ne retiendrons ici que les art. 5 et 6 qui le concernent spécialement et dont voici le texte :

« 5° Adaptation aux guerres maritimes des stipulations « de la Convention de Genève de 1864 sur la base des « articles additionnels de 1868.

« 6° Neutralisation au même titre des navires ou cha- « loupes chargés du sauvetage des naufragés pendant ou « après les combats maritimes. »

Nous ne pouvons prévoir quelle suite les Chancelleries réserveront à certaines des questions soulevées par la récente circulaire; peut-être plusieurs d'entre elles seront-elles éliminées du programme, à la suite des négociations diplomatiques qui vont s'engager. Mais une considération qui nous paraît s'imposer est celle-ci : l'application aux guerres maritimes des principes de la Convention de Genève sera certainement, des propositions formulées, une de celles qui ralliera les suffrages du plus grand nombre de Cabinets : dans ces conditions, elle pourra être la première des réalisations de la grande œuvre entreprise par l'Empereur de Russie.

Dès maintenant il paraît certain, si du moins on n'accueille pas avec un scepticisme exagéré les renseignements officieux, que toutes les grandes Puissances maritimes se sont montrées favorables à la reprise de l'idée d'extension

de 1868; le Conseil fédéral suisse se disposait à aller de
l'avant et à provoquer une consultation générale des Puissances à ce sujet, au moment où parut la circulaire de
M. le Comte Mourawief : c'est sans doute que les circonstances lui paraissaient particulièrement propices.

A l'heure actuelle, il convient d'attendre avec confiance
le résultat des travaux de la Conférence diplomatique con-
voquée à La Haye pour le 18 mai 1899. Sa tâche est étendue; elle devra la fractionner et procéder à la division de
son travail entre plusieurs commissions spéciales, dont
l'une aura la tâche de mener à bien la rédaction d'un
Projet d'articles étendant à la marine les bienfaits de la
protection des victimes de la guerre.

# CHAPITRE VII

## LES RÉCENTES GUERRES MARITIMES ET LES
## SERVICES SANITAIRES

———

1º Intérêt de consulter les exemples fournis par les dernières
   guerres maritimes.
2º Question du Croissant-Rouge.
3º Guerre entre le Pérou et le Chili.
4º Guerre sino-japonaise.
5º Guerre greco-turque.
6º Guerre hispano-américaine.

———

### 1º Intérêt de consulter les exemples fournis
### par les dernières guerres maritimes.

Il ne suffit pas, pour se former une opinion éclairée et
exacte sur l'application maritime de l'assistance des victimes de la guerre, de connaître l'histoire diplomatique de
la question et son développement théorique. Sans doute,
il est indispensable de suivre les progrès accomplis par

l'idée humanitaire de l'extension aux luttes navales dans les Congrès, les conférences, correspondances officielles et les monographies sur la matière ; mais il paraît nécessaire dans cet ordre d'idées plus encore peut-être que dans d'autres, de ne pas négliger l'expérience des faits et de chercher un guide dans les leçons qui peuvent se dégager des événements envisagés sous leur aspect pratique et matériel.

Malheureusement les exemples n'abondent pas et les sources auxquelles on peut se reporter à cet égard sont d'une rare pauvreté : il ne serait pas raisonnable en effet, étant donnée la transformation profonde subie par les marines modernes, de remonter à une époque trop reculée pour se documenter ; d'autre part peu nombreuses sont les guerres maritimes des vingt ou trente dernières années et, au point de vue de l'organisation sanitaire, elles ne sont que médiocrement instructives. Ne déplorons pas trop cette pénurie relative de cas précis et d'incidents récents : il est préférable à tous égards, de ne pas avoir à citer de nombreux faits analogues à cet épisode de la bataille de Lissa [1] qui fut la démonstration terrible des conséquences de la non-application à la marine des bienfaits de la Croix-Rouge : au cours du combat, l'équipage entier du *Re d'Italia* coulé par le *Ferdinand-Max*, disparut dans les flots sans qu'un secours efficace eût pu être organisé, la flotte italienne

---

(1) Rapport de M. le docteur Riant sur la question du transport par eau des blessés et des malades en temps de guerre, *Bulletin* n° 40 de la Société française de secours aux blessés militaires, *Bulletin international*, n° 54 (mai 1883), p. 76.

n'ayant pas compris l'intention secourable d'un aviso autrichien qui se portait en avant pour recueillir les naufragés.

Ce triste exemple fait fortement ressortir l'urgente nécessité d'assurer, par un traité international, le libre fonctionnement des œuvres de secours tant officielles que privées. Un autre combat naval dont les suites ont été d'ailleurs moins désastreuses au point de vue du sauvetage des blessés et des naufragés s'est produit au cours de la guerre de Sécession entre le croiseur confédéré l'*Alabama* et le croiseur du nord le *Kearsage* en vue de Cherbourg. Après une lutte des plus vives, l'*Alabama* désemparé coulait non loin de la côte; aussitôt les canots du *Kearsage* et un yacht de passage à Cherbourg entreprirent de secourir l'équipage de l'*Alabama* : mais leur assistance fut insuffisante et bien des marins périrent qui eussent pu être recueillis si les services techniques de notre grand port de guerre ou des Sociétés privées de Cherbourg avaient réglé la moindre organisation sanitaire maritime en prévision des combats éventuels dans les eaux territoriales voisines.

D'autres enseignements résultent des guerres maritimes postérieures où l'initiative officielle et la charité privée s'exercèrent avec plus ou moins d'efficacité. Mais toujours, une entrave (qu'un *modus vivendi* hâtivement conclu ne peut faire complètement disparaître), résulta de l'absence, en ce qui concerne la marine, d'une Convention analogue à celle de 1864 : l'improvisation rapide et fébrile du matériel de secours flottant, d'aménagements approximatifs, d'un personnel dévoué mais inexpérimenté ne pourra, en effet, fournir dans aucun cas des résultats comparables à ceux qui seront le fruit d'une préparation raisonnée, poursuivie avec esprit de suite durant la paix et autorisée par la certitude d'une protection internationale durant la guerre.

A ce titre également on ne saurait trop insister en faveur de l'assimilation conventionnelle des immunités accordées aux services sanitaires sur terre et sur mer.

### 2° Question du Croissant-Rouge.

Pas plus que la guerre de 1870-1871, qui ne donna lieu sur mer qu'à des prises, le conflit turco-russe n'eût de véritable contre-coup maritime; bien que les Gouvernements de Saint-Pétersbourg et de Constantinople eussent semblé, en raison de la rencontre imminente de leurs flottes sur la Mer Noire, devoir s'entendre au début de la guerre pour adopter un *modus vivendi* analogue à celui conclu entre les Cabinets français et allemand, leurs négociations relatives à la protection des blessés furent restreintes à la guerre continentale [1].

La question qui fut particulièrement discutée entre les

(1) *Bulletin international,* n° 31 (juillet 1877), p. 86.

deux pays fut celle de l'assimilation du croissant et de la croix comme emblème sanitaire. L'origine de cette question remonte à 1876, lors de la guerre turco-serbe des Balkans. La Turquie qui avait pourtant adhéré à la Convention de Genève informa alors le Conseil fédéral par une déclaration unilatérale de volonté aussi inattendue qu'incorrecte, qu'elle substituait le Croissant-Rouge à la Croix-Rouge, « la nature de ce signe blessant les suscepti-« bilités du soldat musulman ». La Porte priait le Gouvernement suisse de faire agréer sa décision par les Puissances intéressées [1]; celles-ci se montrèrent, en général, assez peu disposées à suivre le Gouvernement turc dans cette voie nouvelle et déclarèrent que la modification demandée devrait être ratifiée par un acte international conçu dans la même forme que la Convention de Genève. Dans la guerre qui survint entre la Russie et la Turquie, ce dernier pays obtint, à titre de *modus vivendi*, pour la durée de la guerre, la reconnaissance du Croissant-Rouge [2].

Sans doute, la question ne se posa pas d'une manière spéciale pour la marine; mais elle eut pu naître sur mer comme sur le continent. C'est pourquoi nous avons tenu à la signaler ici. Dans la Convention qui interviendra, il faudra, sans doute, trancher la difficulté pendante depuis 1876. Nous ne verrions pas d'inconvénients à accorder à

---

(1) *Bulletin international*, n° 32 (octobre 1877), p. 146 et suiv. — Voir la correspondance de la Porte et du Conseil fédéral relative à la substitution du Croissant-Rouge à la Croix-Rouge.

(2) *Bulletin international*, n° 111 (juillet 1897), p. 169 et suiv.

la Porte le Croissant-Rouge si l'on pouvait compter sur l'assurance que ses forces militaires ou navales respecteraient l'emblème de la Croix-Rouge. Qu'importerait en effet le croissant ou la croix pourvu que le but humanitaire soit atteint?

### 3° Guerre entre le Pérou et le Chili.

Au cours de la guerre de 1880 entre le Pérou et le Chili, des négociations se poursuivirent avec une largeur de vues vraiment édifiante entre le Gouvernement péruvien et la Société de la Croix-Rouge de Lima d'un côté, et de l'autre, l'amiral chilien de l'escadre qui bloquait le port du Callao; le Ministre du Brésil fut, dans ces circonstances, l'agent officieux de transmission des communications des deux parties. Le Comité de la Société de la Croix-Rouge de Lima prit en 1880 l'initiative de l'organisation d'une ambulance navale destinée à rapatrier des blessés et des malades et sollicita de l'amiral chilien la délivrance d'un sauf-conduit pour franchir les lignes du blocus. L'amiral de l'escadre de blocus donna l'autorisation demandée, bien que le navire fourni à la Société de Lima pour jouer le rôle d'ambulance maritime ne fut que momentanément désarmé en vue de son service spécial, et fut destiné à recevoir aussitôt après, une affectation de combat [1]. C'est

(1) *Bulletin international,* n° 44 (octobre 1880), p. 172 et suiv.

dans ces conditions assez surprenantes que l'on vit sortir du port bloqué par les Chiliens un convoi de blessés péruviens rapatriés dans un port également bloqué. De tels actes de générosité sont malheureusement trop rares et il serait téméraire de songer à les citer comme des exemples pour l'avenir; il faut, tout en les admirant, se borner à les mentionner comme des exceptions, presque comme des anomalies.

⁂

#### 4° **Guerre sino-japonaise.**

Le Japon, qui s'était fait représenter en 1884 à la Conférence internationale de Genève, fit parvenir son adhésion à la Convention de 1864 par une dépêche du 5 juin 1886 [1]. Plus éclairé que la Porte, le Gouvernement de Tokio sut comprendre que dans l'emblême de la Croix-Rouge il n'y a aucune idée religieuse, mais bien un souvenir du pavillon national helvétique, de même que le nom de la Convention contient le rappel de son origine. Quoi qu'il en soit, le peuple japonais est le premier peuple non chrétien qui ait arboré le pavillon de Genève.

Possédant à l'extrême le don de l'assimilation et le génie organisateur, les Japonais surent jeter rapidement les bases d'une fédération sanitaire nationale qui se développa sous le contrôle intelligent des autorités. La guerre contre

---

(1) *Bulletin international,* n° 67 (juillet 1886), p. 244.

la Chine ne surprit pas les Sociétés de secours; elles envisagèrent immédiatement leur rôle maritime et surent, dans la suite, s'acquitter avec honneur de leur tâche.

Un corps spécial [1] fut organisé pour soigner les blessés et les malades à bord des navires : ce personnel était, sinon militairement discipliné, du moins très fermement tenu et commandé. C'est précisément ce qu'il y a de remarquable dans les services sanitaires japonais : ils sont étroitement reliés au Directeur général du service de santé en campagne et reçoivent des instructions impératives du « Chef du service des Bienfaits » [2] : celui-ci, par exemple, put, au cours de la guerre, réquisitionner cent médecins, trois cents infirmiers de la société, qui, une semaine après, s'embarquaient sur les navires mobilisés. C'est, grâce à ce fonctionnement tout de rigueur, que la Croix-Rouge japonaise dut de pouvoir rendre des services vraiment inappréciables [3]; son action maritime s'étendit du Japon en Corée, de Corée à Weï-Haï-Weï, puis jusqu'à Formose, lors de la prise d'occupation de l'île. Il faut reconnaître qu'elle ne fut pas entravée par l'action des flottes chinoises qui se montrèrent peu ou qui furent repoussées avec perte par les vaisseaux japonais.

A ce premier enseignement de la guerre maritime sino-japonaise, à savoir, l'avantage retiré d'une forte prépara-

(1) *Bulletin international,* n° 101 (janvier 1895), p. 114.

(2) N....., *Le Service de secours de la Société de la Croix-Rouge du Japon pendant la guerre de la 27e-28e année de Meiji,* 1894-1895 (Pedone), voir notamment, p. 99 à 116.

(3) Warrington Eastlake, *Héroïc Japan, compte-rendu du Bulletin international,* n° 111 (juillet 1897).

tion des œuvres de la Croix-Rouge, il faut en ajouter, pour être juste, un autre qui est, lui, une leçon : la Société japonaise ne possédait pas de navires Croix-Rouge et ne put au moment de la déclaration de guerre réunir les sommes nécessaires pour s'en procurer ; de plus, les réquisitions du Gouvernement ayant porté sur tous les navires de commerce disponibles qui furent affectés à des transports de matériel, de soldats et de munitions, il ne fut pas possible au Comité de Tokio d'affréter des ambulances navales : il dut se contenter de fournir son personnel à l'État qui l'employa sur ses navires hôpitaux ou sur les embarcations qu'il avait aménagées pour un service hospitalier [1].

### 5° Guerre turco-grecque.

La guerre turco-grecque fut presque exclusivement continentale ; aussi, ne nous offre-t-elle que peu de données quant au fonctionnement des services sanitaires sur mer.

La déclaration de guerre surprit, sans organisation aucune, le Comité central du Croissant-Rouge [2] ; le service de santé officiel de l'armée turque dut parer à toutes les

[1] Le nombre en fut largement suffisant : c'est, sans doute, pour ce motif que le maréchal Oyama refusa les services volontaires des neutres. Peut-être craignait-il, sous ces offres, un espionnage déguisé ? — *Bulletin international,* n° 101 (janvier 1895), p. 77.

[2] *Bulletin international,* n° 111 (juillet 1897), p. 218 et suiv.

éventualités : il se contenta, semble-t-il, d'assurer le pansement des blessés sur place et leur transport dans les ambulances voisines ; il n'entreprit pas tout d'abord du moins, d'une manière régulière, leur rapatriement par la voie de mer. La Société du Croissant-Rouge ne commença à agir qu'après les hostilités, c'est-à-dire qu'elle se borna à contribuer au rapatriement des blessés de Thessalie et d'Épire et à assurer les soins qu'ils réclamaient à leur débarquement à Constantinople.

Autorisée par les autorités turques à évacuer par la mer les blessés demeurés jusqu'alors dans des baraquements, la Société ottomane de secours affréta le bateau *Rome*, transformé en navire hospitalier, qu'elle pourvut du matériel sanitaire et du personnel médical nécessaire [1]. Ce navire du Croissant-Rouge fit plusieurs traversées de Volo à Constantinople ; un autre navire aménagé dans les mêmes conditions, l'*Adoua* fit le service des évacuations de Salonique à Constantinople.

Les résultats de ces transports de blessés et de malades par mer semblent avoir été satisfaisants : il est vrai qu'ils se faisaient dans des conditions exceptionnelles, puisque les hostilités étaient suspendues. Mais il paraît hors de doute que les convois maritimes du Croissant-Rouge, s'ils avaient pu être organisés plus tôt, eussent été, dans l'hypothèse d'une rencontre avec la flotte grecque, respectés par celle-ci.

Les services grecs de la Croix-Rouge tant officiels que

(1) *Bulletin international,* n° 112 (octobre 1897), p. 279 et 280.

privés ne jouèrent qu'un rôle exclusivement continental ;
aussi n'est-ce pas au point de vue des secours sur mer,
qu'en ce qui concerne la Grèce, nous parlerons de la
guerre de 1897.

Dès que le conflit turco-grec éclata, se manifesta, de
la part du Comité international de Genève et de divers
Comités centraux le désir de procurer des secours aux
blessés des armées belligérantes [1]. L'intervention possible
de services sanitaires internationaux, l'action bienfaisante
d'une sorte d'agence sanitaire centrale, fonctionnant sous
la direction du Comité international, avaient été prévues
par un vote de la Conférence de Berlin de 1869. La Conférence de Calsruhe de 1887 s'était prononcée dans le
même sens. Sans doute, lors des guerres antérieures,
notamment lors du conflit franco-allemand, une assistance
sanitaire étrangère s'était produite dans une certaine
mesure, mais jamais le mouvement des Sociétés des divers
pays ne s'était manifesté avec autant d'éclat que dans la
guerre greco-turque [2]. Outre des subsides en argent et en
nature, les Comités du Croissant-Rouge et de la Croix-
Rouge de Constantinople et d'Athènes reçurent des équipes
de brancardiers qui venaient offrir leurs services [3]. Sans
doute aussi, les retards apportés par les Gouvernements
belligérants à accepter les offres du Comité international
entravèrent quelque peu l'action charitable que celui-ci se
proposait d'exercer : le Cabinet grec ne répondit qu'à la

(1) *Revue générale de droit international public*, 1897, p. 722 et suiv.
(2) *Bulletin international*, n° 111 (juillet 1897), p. 160 et suiv.
(3) *Bulletin international*, n° 112 (octobre 1897), p. 252 et suiv.

veille de la cessation des hostilités et la Porte après la suspension d'armes : sans doute enfin, toutes les propositions désintéressées des médecins et des brancardiers étrangers ne furent pas acceptées ; mais il n'en est pas moins intéressant de signaler ici la possibilité de l'assistance par les Sociétés de secours des États non belligérants.

D'ailleurs l'intervention sanitaire étrangère se serait effectivement produite sur mer dans la guerre de 1897 si les circonstances avaient été favorables [1]. En effet, le Comité central autrichien fit aux belligérants des propositions fermes pour mettre à leur disposition l'ambulance navale dont l'existence a été signalée plus haut ; la section régionale de la Croix-Rouge des Dames de Trieste se déclara heureuse de profiter des événements d'Orient pour tenter un essai de fonctionnement pratique du navire hospitalier. Mais, en raison de l'absence d'un port satisfaisant pour assurer les évacuations, et du peu d'urgence des secours maritimes, aucune des deux puissances intéressées ne crut devoir accepter l'offre du Comité autrichien.

A notre avis, c'est surtout dans les guerres maritimes que cette action des Sociétés de la Croix-Rouge étrangères pourra trouver, dans l'avenir, à s'exercer d'une manière directe et effective. On conçoit aisément qu'un Gouvernement soit peu jaloux, surtout dans certaines circonstances spéciales, de permettre l'accès de son territoire et l'approche de ses armées à des équipes de sauveteurs étrangers

(1) Cf. *Compte rendu de la Conférence internationale de Vienne.* Communication de M. le docteur Lœw à la séance du 30 septembre 1897.

dont il peut ignorer la véritable origine, les tendances et
le but, et qu'alors il se contente d'accepter pour ses blessés des dons en nature venant de divers pays. Mais sur
mer, les mêmes inconvénients n'existent pas ou, tout au
moins, sont singulièrement atténués ; assurément, il est toujours loisible à un État de se priver des services bénévoles
des neutres ; mais pourquoi les empêcherait-il de contribuer au sauvetage de ses blessés et de ceux de la flotte
ennemie si les navires hospitaliers des Sociétés qui inter-
viennent se conforment aux prescriptions insérées dans la
future Convention internationale? Dans cet ordre d'idées, il
semble que les dispositions des articles additionnels sont
à peu près suffisantes. Nous reparlerons d'ailleurs des
évacuations possibles sur des navires de commerce affrétés
par des particuliers ou par des Sociétés de secours d'un
État non belligérant.

Il n'y eut pas à proprement parler de fonctionnement des
services sanitaires maritimes au cours de la guerre de 1897,
et les navires neutres, en particulier n'eurent pas l'occasion
d'intervenir.

6° **Guerre hispano-américaine.**

La guerre qui éclata en 1898 entre les États-Unis et l'Espagne fut insulaire et maritime ; les divers épisodes des
combats sur mer, en particulier ceux qui survinrent dans
les eaux de Santiago, de Cuba et de Manille eurent un re-

tentissement énorme ; aussi nous faut-il faire ici une place à l'étude de l'application maritime de la protection des blessés. Malheureusement, nous ne possédons, jusqu'à ce jour, que des indications fragmentaires, fort laconiques, sur l'organisation et sur le fonctionnement des services sanitaires américains et espagnols sur mer ; l'histoire médicale maritime de la dernière guerre n'est pas encore écrite [1].

Au point de vue international tout d'abord, le fait saillant de la guerre navale est la reconnaissance, par les deux belligérants, d'un *modus vivendi* analogue à celui de 1870-1871 entre la France et l'Allemagne [2]. Le Conseil fédéral Suisse entreprit, dès le 23 avril, d'agir auprès des Gouvernements de Washington et de Madrid pour que les articles additionnels de 1868 fussent déclarés obligatoires et respectés pour la durée de la guerre : il réussit à faire admettre, comme *modus vivendi*, par les deux Cabinets, le projet de 1868, modifié par les propositions françaises et

(1) Les États-Unis quoique non signataires de la Déclaration de Paris firent connaître à l'Europe quatre jours avant la déclaration de guerre officielle, le 21 avril 1898, qu'ils renonçaient au droit de course, le Gouvernement espagnol qui, lui aussi, avait conservé sa liberté d'action en 1856, ne prit point lors de la dernière guerre la même résolution et rendit, le 24 avril, un décret « maintenant son droit de concéder des pa- « tentes de course qu'il s'est réservé dans la note adressée par lui à la « France le 16 mai 1857 ». Les États-Unis et l'Espagne se rencontrèrent par ailleurs, au début de la guerre, en reconnaissant les deuxième et troisième règles de la Déclaration de Paris qui proclament que le pavillon neutre couvre la marchandise ennemie sauf la contrebande de guerre et que la marchandise, sauf la contrebande de guerre, ne peut être saisie sous pavillon ennemi.

(2) *Revue de droit international public*, 1898, p. 788 et suiv.

interprété par les explications franco-anglaises de 1869 [1]. Grâce aux démarches diplomatiques du Gouvernement suisse, grâce à son initiative bienfaisante, la première guerre navale digne de ce nom, depuis la naissance de la Convention de Genève, connut les bienfaits de l'assistance des Sociétés de la Croix-Rouge. A ce titre également, la décision des Cabinets américain et espagnol est fort intéressante et constitue un précédent qui, contrairement à celui de 1870-1871, n'eut rien de platonique. Les articles additionnels de 1868 concernant la marine et les sections navales des Sociétés de secours ont maintenant, pour ainsi dire, subi l'épreuve du feu. C'est là un fait dont l'importance ne doit pas échapper aux diplomates et aux marins, au moment où la question de l'adoption du principe de l'assimilation des secours aux victimes des guerres navales et continentales, va sans doute se poser devant la conscience des nations.

Dans les instructions officielles qui furent adressées par les Gouvernements de Washington et de Madrid aux commandants des flottes de guerre se trouvent des dispositions dont le but est d'assurer l'exécution du *modus vivendi* adopté; celles qui nous intéressent prévoient notamment l'exemption de capture en faveur des navires Croix-Rouge, les conséquences de la visite en ce qui concerne les blessés et naufragés (obligation de ne plus servir durant la guerre) [2].

---

(1) *Bulletin international*, n° 115 (juillet 1898).

(2) Cf. Instructions du Ministre de la Marine d'Espagne en date du 24 avril 1898 pour l'exécution du droit de visite à l'occasion de la guerre

Dès le début de la guerre, si toutefois l'on en croit les dépêches de l'époque, et avant même l'admission à titre de *modus vivendi* des articles de 1868, les autorités américaines admirent un navire espagnol mouillé dans les eaux des Antilles à y séjourner pour permettre sa transformation en hôpital militaire. Aussitôt après son aménagement, ce navire respecté par les croiseurs américains aurait pu exercer librement sa mission sanitaire. Nous ne relatons ce fait que sous toutes réserves, les documents espagnols récents, s'il en existe toutefois, nous étant inconnus.

Dans ses projets de création de services maritimes hospitaliers, le Comité central de Madrid paraît avoir été retenu par des considérations financières ; une note de ce Comité, datée du 25 avril 1898, fort suggestive à cet égard, fait allusion au désir de la Société de secours espagnole d'improviser une ambulance maritime, mais constate, en même temps que les bonnes dispositions « d'un personnel « enthousiaste », l'absence de capitaux et de matériel [1]. C'est alors que l'on songea à affréter un transatlantique affecté au transport et au rapatriement des blessés et des malades ; là encore, se manifestent les résultats déplorables du défaut de préparation dès le temps de paix.

En raison du ralentissement très marqué du commerce, qui rendait disponibles un grand nombre de navires inoc-

hispano-américaine, *Gazette officielle* du 25 avril 1898. — Ces instructions sont reproduites dans les *Archives diplomatiques* ainsi que celles du Ministre de la Marine des États-Unis en date du 20 juin 1898.

[1] *Bulletin international,* n° 115 (juillet 1898), p. 124.

·cupés, il semblerait que la Croix-Rouge espagnole eût dû
ne pas rencontrer de sérieuses difficultés dans ses tentatives d'affrètement de vaisseaux-ambulances. Mais, il n'en
fut pas ainsi; outre la raison pécuniaire que nous avons
indiquée, il en est une autre : c'est la mainmise résultant
du droit de réquisition des autorités espagnoles sur les
yachts ou autres bâtiments. La plupart des navires sans
emploi servirent ainsi à des transports de munitions et de
troupes; d'autres furent, comme en Amérique, l'objet de
tentatives d'ailleurs infructueuses d'armement en guerre,
et l'on reconnut dans la suite qu'il eût été préférable
d'utiliser certains yachts comme ambulanciers plutôt que
de les surcharger d'un matériel pesant qui les rendit inu-
tilisables en raison de la perte de leurs qualités nautiques.

Les mêmes errements se produisirent, dans une certaine mesure, aux États-Unis; mais les Sociétés de secours
américaines avaient plus de vitalité que leurs concur-
rentes espagnoles; aussi les résultats obtenus furent-ils
bien différents. Il serait long de donner ici la liste [1] des
embarcations ou vaisseaux de la Croix-Rouge américaine
et du Comité central de secours pour Cuba [2]; il serait long
d'énumérer les services inappréciables rendus par ces navires pour le rapatriement des blessés et des malades de
Cuba [3]; il faut se contenter de relever le caractère exceptionnel des transports de matériel sanitaire, de médicaments, etc..... du navire *État du Texas* dont le rôle et la

(1) Le premier des navires hospitaliers équipés fut le *Moynier*.
(2) *Bulletin international*, n° 116 (octobre 1898), p. 203 et suiv.
(3) C. F. *Le Temps*, n°ˢ des 4 et 7 juillet 1888.

mission sortaient un peu des limites étroites des prévisions des articles additionnels.

L'improvisation trop rapide des moyens de transport maritimes ne permit pas d'atteindre la perfection qui eût été le fruit d'une préparation antérieure, scientifique et raisonnée; aussi, de vives critiques furent-elles adressées aux services sanitaires des évacuations; les revues médicales, notamment montrent quelle était l'insuffisance des aménagements dans les navires réquisitionnés[1], alors que les vaisseaux hôpitaux ou transports existant dès le temps de paix, répondaient aux dernières exigences de l'hygiène et étaient abondamment pourvus de tout le matériel d'un bon hôpital continental.

[1] *Bulletin médical,* 13e année, n° 9 (28 janvier 1899). *La Guerre hispano-américaine au point de vue médico-chirurgical,* par M. le docteur L'Homme.

# CHAPITRE VIII

## ORGANISATION RATIONNELLE DES SECOURS
### AUX VICTIMES
### DES GUERRES MARITIMES

---

1º Considérations générales.

2º La Convention future.

3º L'organisation des secours par la voie de la réglementation intérieure.

---

### 1º Considérations générales.

Nous avons suivi l'évolution de l'idée de l'extension des principes de 1864 à la marine; nous avons fait l'historique des négociations intervenues et énuméré, en définissant leur esprit, les rapports et les projets présentés; nous avons enfin, dans un rapide exposé, cherché à dégager les enseignements que suscitent, à notre point de vue, les épisodes des récents combats et les événements des dernières guerres maritimes.

- 160 -

Tout ce que nous avons dit jusqu'ici a fait apparaître l'existence d'une véritable mine de documents et de faits, d'une richesse inépuisable, dont l'exploitation pourrait, au premier abord, sembler très simple. Malheureusement, s'il est aisé d'y puiser des matériaux, leur mise en œuvre offre des difficultés singulières ; en les examinant d'un peu près, on est bien vite frappé du défaut de solutions concordantes qu'ils présentent ; le fouillis d'indications contradictoires qu'ils fournissent est véritablement inextricable.

On a beaucoup parlé, beaucoup écrit, au sujet de l'application à la marine des idées directrices de la Convention de Genève : des philanthropes ont émis des vues hardies qui n'ont pas toujours reçu l'agrément des hommes de métier. Il faut le reconnaître, c'est qu'ils ont peut-être abusé des développements trop exclusivement littéraires. D'autre part, certains spécialistes, des marins ou des médecins n'ont pas été sans opposer à des idées pourtant acceptables une résistance vraiment trop intransigeante et trop rigide. Parmi ces derniers enfin, ceux qui ont écrit sur la matière sont loin d'être tombés d'accord sur les points les plus essentiels. Les monographies publiées accusent des divergences profondes dans leurs conclusions souvent hâtives. Les nombreux projets de Convention qui ont vu le jour contiennent des dispositions qu'il serait souvent impossible de concilier.

La surabondance d'éléments sans harmonie a eu pour résultat naturel et fatal l'absence presque totale de résultats pratiques ; les travaux présentés par les Sociétés de

secours, les études spéciales sur la matière ont fourni
aux Conférences successives des renseignements précieux
qu'on n'a malheureusement entrepris ni de démêler ni
d'utiliser ; on a dû se contenter de les classer en atten-
dant le moment d'en tirer parti.

La cause principale de ce piétinement sur place, qui
dure depuis trente ans, réside dans les hésitations des
Cabinets européens à se saisir de la question et à en
prendre résolument la direction. Les Assemblées internationales organisées par les Sociétés de la Croix-Rouge
n'ont pas qualité pour prendre l'initiative d'une œuvre
législative et diplomatique. Cette mission incombe à un
Congrès officiel de plénipotentiaires accrédités à cet effet.
Aussi, la Conférence de Rome, puis celle de Vienne qui
ont été en possession de véritables richesses documen-
taires n'ont pu en tirer parti ; elles ont dû se contenter
d'attirer l'attention des Gouvernements sur l'urgence
d'une prompte solution : de là, cette succession de vœux
purement platoniques et l'absence constante de solutions
positives. Les Comités centraux des Sociétés de secours
ont néanmoins préparé des matériaux importants en vue
du travail qui incombera à des diplomates assistés de
jurisconsultes et de marins. Jusqu'ici, les circonstances
ont été, avec une persistance regrettable, défavorables
à l'entreprise tentée en 1868 ; des tentatives répétées
ont été faites notamment par le Comité international,
pour arriver à un accord ; mais un obstacle nouveau
a toujours arrêté les bonnes volontés qui se sont mani-
festées.

C.                                                           11

※

Nous n'avons pas la prétention d'ajouter un nouveau projet d'articles concernant la marine à la succession déjà longue des projets rédigés; nos visées sont plus modestes. D'ailleurs, les textes ne manquent pas : ils sont trop.

Le prochain Congrès diplomatique qui entreprendra d'élaborer une rédaction définitive pourra discuter, à son choix, sur des bases bien distinctes; ou plutôt il estimera qu'il sera utile de puiser à plusieurs sources. Quoi qu'il en soit, un certain nombre de textes seront consultés avec profit : les articles additionnels d'abord, qui sont en même temps le fondement historique de la matière et le point de départ rationnel des négociations à intervenir; le texte proposé par M. Houette en 1891 [1]; le projet d'articles additionnels présenté en 1897 à Vienne par le Comité central italien de la Croix-Rouge [2]; enfin des documents officiels préparés par les soins des administrations de la marine des divers pays : ainsi, chez nous, les résolutions du Conseil d'Amirauté et les délibérations des inspecteurs de la marine. A cette liste, il faudra peut-être ajouter le résultat des travaux de l'Institut de droit inter-

[1] Houette, *Mémoire présenté au Concours de l'Union des Femmes de France*, p. 35 et suiv.

[2] Texte des Principes formulés par le Comité central italien d'après les votes ou désirs manifestés, soit dans les publications qui se rapportent à ce sujet, soit lors des Conférences internationales, par les délégués des associations de la Croix-Rouge et les délégués des Gouvernements. *Archives diplomatiques*, 37e année, n° 9 (septembre 1897), p. 360 à 362.

national ; nous croyons savoir, en effet, qu'il a chargé une commission d'étudier les conditions de l'extension de la Convention de Genève à la marine.

Nous nous efforcerons seulement de dégager les idées essentielles qui devront guider les rédacteurs de la Convention future, tant au point de vue de la méthode à suivre qu'en ce qui concerne les dispositions juridiques à insérer dans l'acte international qui sera soumis aux ratifications des Gouvernements.

Lorsque nous nous serons ainsi occupé de la Convention elle-même, nous présenterons quelques observations sur les données de l'organisation générale des secours aux blessés et aux naufragés, intéressant la réglementation intérieure à intervenir dans chaque pays. Sans vouloir aborder les problèmes purement techniques qui excéderaient notre compétence, nous étudierons les dispositions, spécialement celles ayant un caractère juridique, qu'il conviendrait de prendre pour préparer, en vue des conflagrations de l'avenir, un fonctionnement satisfaisant des services sanitaires de l'État ou des Sociétés de la Croix-Rouge.

## 2º La Convention future.

A. — *Son caractère.* — *Conditions de fond et de forme.*

En faisant la critique des articles additionnels de 1868, en mettant en relief les avantages que présente leur rédaction considérée dans son ensemble, en répondant à ce propos aux attaques exagérées dont ils ont été l'objet, nous avons dit déjà à quelles exigences devrait, à un certain égard, répondre une Convention internationale tendant à protéger les victimes des combats sur mer.

Nous avons, croyons-nous, suffisamment démontré la nécessité de bien distinguer ce qui est du domaine de la Convention internationale de ce qui doit demeurer dans le domaine de la réglementation et de l'organisation intérieures, pour qu'il nous soit permis de nous dispenser maintenant de revenir sur ce sujet et de le traiter à fond. Rappelons seulement ici la conclusion que nous avions formulée : la Convention devra être purement juridique ; elle devra, tout en prenant comme point de départ une idée suffisamment nette des situations de fait, se limiter à des prévisions strictement de droit; en un mot, l'accord international portera à peu près exclusivement sur la condition des navires sauveteurs de l'État, des Sociétés de la Croix-Rouge, ou des vaisseaux de commerce transportant des blessés, — définira celle des blessés ou des naufragés dans les diverses hypothèses possibles, — déterminera les droits et les devoirs du personnel hospitalier et établira une sorte de Code des signaux spéciaux à l'assistance sanitaire; au contraire il appartiendra à des règlements propres aux différentes marines de réglementer le fonctionnement des secours dans les eaux territoriales ou en dehors de celles-ci, — d'attacher aux flottes de guerre des navires de telle ou telle catégorie, — d'assurer à des sociétés ou de réserver à l'État le droit de réquisitionner lors de la mobilisa-

tion les navires qui seront à aménager, etc... Nous ne pré-
tendons pas faire ici une énumération limitative; nous
donnons seulement des exemples.

La question a son importance et elle semble ne pas avoir
été toujours bien comprise. Dans certaines propositions
faites en vue d'une Convention internationale, ou même
dans plusieurs Projets, notamment dans le Projet italien
de 1897, il existe une confusion très regrettable à notre
avis entre les matières qui ressortissent au contrat international et celles qui doivent en être résolument exclues.

Nous donnerons quelques exemples pour bien préciser
notre pensée : ainsi nous trouvons tout à fait anormale,
dans le Projet présenté par le Comité central italien à la
Conférence de Vienne la juxtaposition, dans un même
texte : 1° de principes généraux tels que les suivants :
neutralisation du personnel sanitaire et religieux des navires hôpitaux militaires équipés par les États et n'appartenant pas à la Croix-Rouge; rapatriement du personnel
« dans le cas de capture de tels navires » (?) (art. 15 du
Projet italien); situation juridique internationale des navires équipés par les Sociétés de secours (art. 5 du même
Projet), incapacité de reprendre du service durant la
guerre frappant les individus qui auront profité des services de la Croix-Rouge (art. 30 du même Projet); 2° et de
règles très spéciales sans intérêt conventionnel, comme
les suivantes : les navires Croix-Rouge auront à l'intérieur
tous les perfectionnements des navires modernes..... ils
seront fournis de la dotation d'objets de literie et de produits pharmaceutiques qui est requise pour leur mission.

hospitalière..., ils seront fournis d'embarcations et de canots pouvant être mis à la mer et repris à bord avec la plus grande facilité sans nécessiter l'emploi d'un équipage nombreux..., ils seront en outre pourvus d'appareils à lumière électrique (art. 4 du même Projet).

La plupart des règles précitées sont peut-être excellentes et nous ne critiquons aucunement ici le fond même des articles du Projet italien. Mais la méthode dont leurs rédacteurs se sont inspirés est, il nous semble, défectueuse et il ne conviendrait pas de l'appliquer à la rédaction d'une Convention internationale.

A un autre point de vue, les plénipotentiaires devront, tout en s'inspirant des excellentes indications que peut contenir le Projet italien, éviter de le suivre trop servilement : ce Projet, en effet, bien qu'il ait reçu une sorte de consécration officielle par le fait de l'approbation du Gouvernement italien, est l'œuvre d'une Société de secours, qui n'a presque exclusivement en vue, — et c'est en somme bien explicable, — que le rôle de la Croix-Rouge *stricto sensu* sur mer, c'est-à-dire l'action des Sociétés privées. Les articles présentés par le Comité de Rome en 1897 ne visent nullement les secours officiels, ne déterminent et ne prévoient suffisamment ni la situation des navires hôpitaux de l'État, ni celle du personnel médical de la marine.

Cette omission résulte du caractère spécial qu'affecte le Projet italien et, en raison de cela même, elle n'a pas d'autre importance. Il en serait bien autrement, il est à peine besoin de le dire, si elle se retrouvait dans un Acte international.

En résumé, il faut considérer les articles rédigés à Rome comme une sorte de *memento* spécial à l'action maritime des Sociétés de secours, comprenant des données juridiques qui devront prendre place dans la Convention future et des prescriptions de détail souvent intéressantes qui figureront utilement dans des règlements particuliers élaborés par les Amirautés et les Comités des Sociétés de secours. Mais, il importe de se garder de parler du Projet italien comme d'un Projet de Convention d'un caractère analogue aux articles additionnels ou même aux propositions rédigées par M. Houette. L'expression de « Projet italien » que nous continuerons cependant à employer, parce qu'elle est consacrée par l'usage, est donc impropre et prête à confusion.

Nous voilà donc fixés sur l'étendue et sur la nature des dispositions qui trouveront leur place dans la Convention d'extension à la marine : il faut ajouter qu'il n'y a rien dans ce que nous venons de dire de spécial à un acte concernant la marine; un traité assurant la protection des blessés des armées de terre doit remplir les mêmes conditions. Mais il est hors de doute qu'en ce qui touche à la marine, la distinction que nous avons faite a plus d'importance, en même temps qu'elle est plus délicate. La question se complique des difficultés inhérentes aux éventualités si complexes qui résultent des guerres maritimes.

Pour les mêmes motifs, les articles concernant la marine devront être rédigés avec une précision exceptionnelle;

une des conditions en est la concision : là, plus encore que dans tout autre acte, il sera important de n'employer que des formules rigoureusement justes, des termes répondant exactement à la pensée de leurs auteurs. Nous avons relevé plus haut l'inconvénient majeur qu'il y a, surtout en matière maritime, à user des expressions « neutres », « neutralité » qui figuraient dans le texte de 1864 et qu'on a eu le grand tort de reproduire lors de la confection des articles additionnels de 1868. Il serait infiniment préférable de dire que tels ou tels navires seront « respectés », « inviolables », qu'ils « ne pourront être capturés » ; ces désignations les distingueraient suffisamment des navires qui sont soumis au droit de prise.

Ce n'est là qu'une indication et il ne nous appartient pas de prévoir en détail les termes qui devront figurer dans les articles à élaborer. Mais, il nous a paru important de faire remarquer qu'une parfaite correction de rédaction, en même temps qu'elle aura l'avantage de mieux définir les situations, préviendra des contestations regrettables au cours de la guerre sur la portée des dispositions de la Convention ; c'est là le moyen le plus certain d'éviter des incidents dont le résultat déplorable serait de provoquer des représailles ou d'amener la dénonciation de l'engagement international.

❋

De même, pour éviter toutes difficultés ultérieures, il importera de prévoir, pour des situations bien déterminées, des solutions juridiques absolues. La Convention ne devra

laisser que le moins possible à l'appréciation et au bon
vouloir des combattants. Cependant, dans certains cas,
lorsqu'il ne sera pas possible de faire admettre un principe
comme obligatoire pour les belligérants, un article devra
prévoir une possibilité : ce sera là le moyen d'indiquer
une tendance sans poser une règle absolument fixe. L'art.
10 additionnel de 1868 contient un exemple de cette manière de procéder : il prévoit des conventions particulières
que les commandants en chef auront la faculté de conclure,
spécialement lors d'un blocus, en vue des évacuations
de blessés et de malades. Cette disposition devra se re-
trouver dans la future Convention.

La Convention dont nous nous attachons à définir les
mérites désirables sera concise, le petit nombre d'articles
qu'elle comprendra donnera des solutions plus certaines,
plus fermes, que ne le ferait un acte trop prolixe. Mais cela
ne suffit pas. La Convention ne tendra vers la perfection, si
tant est qu'elle existe, qu'autant qu'elle remplira certaines
conditions de fond plus faciles à indiquer, il faut le reconnaître, qu'aisées à réaliser quand il s'agira de fixer la teneur même des articles.

Le principe directeur que devront toujours avoir en vue
les diplomates et les spécialistes chargés d'élaborer les
articles concernant la marine est le suivant : l'extension

aux situations navales des dispositions de 1864 en tenant compte des conditions particulières de la lutte sur mer, ou plutôt, l'assimilation dans la mesure du possible, des règles de l'assistance des victimes des guerres continentales et des guerres maritimes.

Il ne s'agit pas de créer un droit nouveau [1] : on l'a dit d'ailleurs très justement, l'extension à la marine signifie bien plutôt, étant donné l'esprit et le but de l'acte de 1864 la non exclusion des bienfaits de la Convention de Genève. Il importe de compléter l'évolution de la pensée première de la protection des blessés et de la guider dans l'achèvement du cours normal qu'elle a suivi depuis son origine.

Les articles à proposer à l'agrément et à la ratification des Puissances intéressées n'apparaissent pas comme devant contenir à proprement parler des innovations; ils seront bien plutôt des déductions logiques extraites du droit antérieur et appropriées à des conditions spéciales.

Lorsqu'il s'est agi de la révision des articles de la Convention de Genève, on a, à maintes reprises et très justement, montré les inconvénients qui résulteraient de l'introduction inconsidérée, dans le texte primitif, de dispositions nouvelles, non indispensables. Il semble qu'on ait reconnu maintenant que c'est une idée fausse de vouloir, sans motifs absolument sérieux, élever l'idée de révision à outrance à la hauteur d'un principe [2]; mais, à un cer-

---

(1) V. dans ce sens, Lueder, *La Convention de Genève*, p. 257 à 261, p. 340 et suiv.

(2) V. dans ce sens, Moynier, *La Révision de la Convention de Genève*, p. 41.

tain moment et surtout, dans les années qui ont suivi immédiatement 1864 on voulait apporter à la Convention de tels changements que l'autorité de l'Acte international en a été quasiment ébranlée.

La Convention applicable à la marine est, depuis de longues années, l'objet de vives discussions; des propositions nouvelles ont renchéri sur les projets anciens; des idées d'une réalisation pratique toujours plus hasardeuse ont été émises. Il paraît aujourd'hui plus urgent que jamais de remettre la question au point, en revenant aux sources. Pour arriver à une rédaction satisfaisante, il importe d'écarter résolument toutes les innovations qui ne seraient pas justifiées par une nécessité bien démontrée.

De même, à un autre point de vue, dans un intérêt de bonne politique, il ne faut pas laisser s'accréditer cette opinion que l'application de l'idée de la protection des blessés à la marine est une sorte de révolution du droit et des coutumes antérieures. Il faudra se garder de rédiger un Projet trop franchement novateur et éviter de rompre ouvertement le lien avec le passé; à ce prix seulement il sera possible de lutter contre la crainte instinctive de dispositions hasardeuses qui a entravé jusqu'ici l'action favorable des Puissances maritimes.

Ainsi donc, les rédacteurs du nouveau Projet devront ne pas trop facilement céder à des entraînements généreux, mais raisonner froidement; ils se souviendront que les

retards apportés jusqu'à ce jour à l'œuvre entreprise ont
eu, du moins en partie, pour cause les exagérations humanitaires de certains de ses plus ardents défenseurs. Aussi
bien, en vue d'une application aisée de la Convention que
dans le but de l'acceptation de ses clauses par les Cabinets
intéressés, le Projet devra n'être novateur qu'avec modération : les hardiesses qu'il accueillerait se tourneraient
contre le but qu'on se propose d'atteindre.

※

Précisons : la Convention ne sera agréée par les Gouvernements et, dans tous les cas, ne sera appliquée, que si
elle ne s'écarte pas outre mesure des principes admis du
droit des gens. Sans doute, les règles édictées par ses
différents articles ne rentreront pas dans les limites exclu-
sives du droit actuel de la mer, puisque ce droit ne contient aucune prévision concernant la protection des victimes de la guerre; mais il ne faudra pas que la Convention heurte de front le jeu régulier des usages maritimes
jusqu'ici respectés; elle devra mesurer, d'une manière
assez exacte, les tempéraments à y apporter avec les
nécessités inhérentes à la protection des blessés et des
naufragés. Ainsi, pour ne citer que quelques exemples, le
droit de visite ne sera limité ou gêné dans aucun cas : il
devra subsister dans toute sa plénitude même vis-à-vis des
navires qui seront déclarés indemnes de toute capture,
tels les navires hôpitaux de la flotte ennemie (si du moins
on adopte cette solution pour ce qui les concerne). Le

droit de saisir la propriété privée dans les conditions de la Déclaration de Paris, de s'emparer de la contrebande de guerre, sous quelque pavillon que ce soit, restera entier. Après 1868, la France et l'Angleterre, interprétant l'art. 10 additionnel, se prononcèrent très nettement à cet égard dans le sens du maintien intégral des lois de la guerre sur mer.

Il ne semble pas qu'à l'époque où nous sommes, les Puissances maritimes soient moins jalouses de leurs prérogatives et plus disposées à tolérer, même dans l'intérêt supérieur de l'assistance des victimes de la lutte, des dérogations notables au droit traditionnel. Ainsi certaines exceptions que l'on pourrait désirer vivement voir apporter à la rigueur des principes ne seront probablement pas admises par les Cabinets européens; telle, l'assimilation des navires transportant des médicaments ou du matériel sanitaire aux vaisseaux chargés de blessés et de malades; il est bien à craindre que l'on ne puisse faire adopter une clause de cette nature, et que les Gouvernements ne se refusent à reconnaître, dans le cas particulier, l'exclusion du droit de capture.

De même, malgré le louable désir d'étendre, aussi loin que faire se pourra, les limites de l'action sanitaire et secourable sur mer, les rédacteurs de la Convention devron s'attacher à ne pas entraver les belligérants dans l'exercice légitime des procédés hostiles. Sans compromettre l'œuvre de secours par des dispositions d'une pusillanimité outrée, il importera néanmoins de laisser aux flottes de combat ou de blocus leur entière liberté d'action. Ainsi la Convention serait défectueuse, si de l'un de ses articles naissait, au profit de l'intervention sanitaire, une gêne pour les manœuvres et les évolutions de l'escadre, ou si d'une trop grande indépendance laissée aux navires de secours résultait la crainte pour l'un des belligérants que son adversaire put être, par leurs soins, renseigné ou ravitaillé [1]. Non seulement la Convention ne devra fournir aucun prétexte à des hypothèses ou à des confusions de cette nature, mais elle aura aussi à prendre des précautions pour qu'elles ne puissent naître.

Un autre inconvénient qui, au premier abord, peut paraître quelque peu chimérique, mais qui est réel dans une certaine mesure, découlerait de l'insertion dans la Convention de dispositions humanitaires par trop favorables : c'est que l'exagération même des règles protectrices irait à l'encontre du but visé. Si, par impossible, — car cette supposition est toute théorique, — l'action du sauvetage en venait à produire sur mer des effets trop importants, la durée de la guerre serait augmentée et alors des inconvénients naîtraient qui risqueraient d'égaler les horreurs d'une lutte plus violente mais plus brève ; les effets d'une longue interruption du commerce maritime, avec toute sa suite de crises économiques ne sont-ils pas aussi terribles pour les nations modernes que les conséquences d'un conflit à main armée ?

(1) Dans cet ordre d'idées, voir le rapport de M. de Vogüé, *Bulletin de la Société de secours aux blessés militaires des armées de terre et de mer*, 2ᵉ série, *Bulletin* du 16 octobre 1889, p. 56.

Pour résumer tout ce qui précède, disons donc que la future Convention devra assurer aux infortunes des blessés et des naufragés l'appoint des secours les plus urgents;. ne pouvant faire que la guerre ne soit la guerre, elle apportera du moins à ses rigueurs les remèdes immédiats et indispensables.

※

Des quarante États environ qui sont, en cette année 1899, signataires de la Convention de Genève, si l'on déduit ceux dont les territoires forment des enclaves dans les continents et ceux dont la marine n'existe que nominalement, il reste encore un nombre fort respectable de Puissances navales intéressées à la rédaction d'une Convention s'inspirant du but de l'acte de 1868. Le Projet qui interviendra, quel qu'il soit, ne ralliera certainement pas les suffrages unanimes de tous les Cabinets intéressés.

L'exemple du passé n'est pas fait pour nous entretenir à cet égard dans des illusions bien solides; après 1868, les marines étaient moins développées qu'elles ne le sont actuellement, les États intéressés étaient beaucoup moins nombreux, et pourtant, des discussions interminables ont surgi, si bien que toute l'œuvre est demeurée en souffrance. Certains publicistes ont alors exprimé le regret qu'on ne put consacrer le Projet de 1868 par une simple entente diplomatique à provoquer entre plusieurs États disposés à aller de l'avant. Dans leur pensée, l'avantage de cette procédure eût été d'abréger les lenteurs nécessitées par l'attente des ratifications de tous les Gouvernements signataires de la Convention primitive.

Depuis, en présence de la longue succession de Projets de révision demeurés stériles, l'idée s'est précisée que l'adhésion unanime de tous les contractants à tout changement à apporter au texte primitif n'était pas, en définitive, indispensable et que des progrès notables pourraient résulter d'accords partiels. En un mot, on a proposé d'introduire au sein du groupement constitué par les États signataires de l'Acte de 1864, des Unions restreintes qui auraient la faculté de prendre dans leurs rapports des arrangements particuliers.

Cette innovation n'irait pas sans une réforme assez sensible de la nature intime de la Convention de Genève [1], mais elle ne nous paraît pas téméraire. D'ailleurs, dès 1864, ne s'est-on pas déjà engagé dans une voie qui s'éloigne du type séculaire des traités internationaux? La Convention de 1864 admet l'accession de Puissances non parties au contrat de la première heure : elle se rapproche ainsi d'une catégorie relativement nouvelle de traités. De là à opérer la conversion définitive de la Convention en une Union universelle d'États analogue à l'Union postale, il n'y a plus qu'un pas à franchir.

C'est spécialement au point de vue maritime qu'il y aurait des avantages inappréciables à l'adoption de la conception nouvelle : et d'abord, les États signataires de la nouvelle Convention concernant la marine formeraient une

---

[1] Moynier, *Révision de la Convention de Genève*, p. 43 et suiv.

sorte d'Union partielle indépendante, régie par un arrangement spécial; puis au sein même de cette Union, d'autres pourraient se constituer entre des États acceptant les perfectionnements que certains refuseraient d'agréer. Ces modalités tendraient certainement à être très fréquentes en matière de protection maritime des victimes de la guerre, en raison même des difficultés particulières causées par l'existence d'un droit rigoureux de la mer.

Enfin, un lien suprême et commun relierait les Unions restreintes; une direction centrale, un bureau international rempliraient le rôle d'agent de contrôle, de transmission, de renseignements; l'organisme existe déjà : c'est le Comité international de la Croix-Rouge de Genève qui, depuis longtemps, poursuit avec autorité une tâche souvent délicate et difficile. Ses attributions seraient augmentées d'une sorte de comptabilité à tenir des arrangements intervenus entre les adhérents des Unions restreintes. Il aurait enfin, au moment de la déclaration d'une guerre entre deux États, à faire connaître les dispositions admises par ceux-ci, de manière à fixer le droit des belligérants et à éclairer les neutres sur le degré d'assistance médicale ou hospitalière qu'ils seraient autorisés à exercer [1].

On ne trouverait que des avantages à laisser au Comité international le soin de centraliser les données intéressant les guerres maritimes et continentales; il y aurait, par contre, des inconvénients très sérieux, comme il a été dit

[1] En raison de l'extension du rôle du Comité international, son recrutement qui échappe à l'heure actuelle à tout contrôle pourrait être modifié de manière à donner toutes garanties aux États intéressés.

C.

plus haut, à laisser un État maritime ou un Comité de la Croix-Rouge de tel ou tel pays, s'occuper spécialement des secours sanitaires internationaux sur mer.

Nous avons défini le cercle d'action des articles concernant la marine ; nous avons dit dans quelles limites les diplomates auront à se mouvoir. En un mot, nous connaissons l'esprit qui s'imposera à la rédaction future.

Il reste une dernière question à examiner qui n'est pas sans importance : comment les dispositions applicables à la marine seront-elles présentées ? Quelle sera la contexture de l'Acte qui définira la protection des blessés des guerres maritimes ? Y aura-t-il une Convention spéciale à la marine, formant un tout bien distinct, ou, au contraire, les articles spéciaux aux guerres navales constitueront-ils une annexe de la Convention de Genève préalablement révisée ?

Ce n'est pas là seulement une question de forme, mais aussi et surtout une question de méthode. Elle n'est pas telle qu'on doive la résoudre d'une manière théorique et absolue : dans cet ordre d'idées il est nécessaire de savoir s'inspirer des circonstances : les meilleurs moyens sont ceux qui, à l'époque la plus favorable, conduiront le plus sûrement au but à atteindre.

Aussi bien, si l'on jette un rapide coup d'œil sur l'historique de la matière, il apparaît que la politique suivie n'a pas été constante : en 1868, on fit une œuvre peu harmoni-

que qui était pourtant un progrès sur la confusion inextricable des vœux de Paris de 1867 : on introduisit, dans la
forme d'articles additionnels, des modifications à l'Acte
primitif, sans pourtant détruire l'intégrité matérielle de
celui-ci ; d'autre part, l'appendice relatif à la marine for-
mait un tout se suffisant à lui-même bien que supposant
connus des principes généraux dont il prononçait l'application à des situations spéciales.

En 1882, il a été dit dans quelles circonstances, le Comité
international de Genève crut devoir demander la disjonction du Projet de révision de la Convention d'avec l'extension à la marine : c'est qu'alors, il espérait une solution
prochaine intéressant l'action de la Croix-Rouge sur mer.

Depuis cette époque, une tendance semble s'être précisée en faveur d'une refonte générale de la Convention de
Genève, englobant les questions maritimes. C'est ainsi que,
dans les Congrès de 1887, de 1892, de 1897, on s'occupa,
à un égal titre, des modifications dont le texte de 1864 paraissait susceptible et de l'élaboration des principes concernant l'assistance sur mer.

Quant aux publications spéciales à l'activité maritime et
aux Projets qui en sont le complément, les questions de
fond y sont seules tranchées ; la méthode à employer pour
arriver à une entente diplomatique n'est en général pas
étudiée. Mais il semble néanmoins que les auteurs de ces
travaux, ainsi que les spécialistes qui ont reçu la mission
officielle d'examiner la question des secours sur mer et de
se prononcer sur les solutions techniques à adopter, soient
partisans d'une Convention distincte concernant la marine.

Dans le récent projet de révision de M. Moynier, présenté au nom du Comité international, le même acte diplomatique englobcrait la réglementation des secours continentaux et maritimes [1].

Certes, la solution la plus tentante serait la constitution d'un ensemble harmonique de dispositions formulant les principes généraux de protection des victimes de la guerre, puis réglementant leur application aux diverses éventualités de la lutte sur terre et sur mer. Une rédaction ainsi conçue aurait le grand avantage de la perfection de la forme tout au moins; nous l'avons dit en effet, ce n'est pas innover que de protéger les blessés et les naufragés des luttes maritimes, mais bien procéder à une déduction logique de prémisses dûment reconnues et admises.

Malheureusement le problème ne se présente pas, à l'heure actuelle, sous un jour assez favorable pour qu'on puisse se laisser guider uniquement par les considérations de la théorie et de la raison pure; il est nécessaire d'envisager les difficultés pratiques, les exigences du fait.

Or, à cet égard, il n'y a pas de doute : river le progrès qui sera l'extension à la marine à la révision du texte de 1864, c'est peut-être faire échouer l'œuvre la plus importante. Les divisions sont profondes sur l'étendue et sur la nature des réformes à apporter à la Convention de

(1) Moynier, *Révision de la Convention de Genève*. Titre I. Règles communes aux guerres sur terre et sur mer. Titre II. Règles spéciales aux guerres sur terre. Titre III. Règles spéciales aux guerres sur mer. Titre IV. Clauses complémentaires. Remarquons que les art. 22 à 30 du titre III ne sont que la reproduction littérale des articles additionnels concernant la marine, votés en 1868.

Genève ; les uns sont pour une révision à outrance, d'autres sont étrangement conservateurs. Au contraire, une rare unanimité semble s'être produite sur l'opportunité de l'application des bienfaits de l'assistance et du sauvetage aux victimes des combats sur mer ; sans doute on est encore très partagé sur les mesures à prendre, sur les dispositions à édicter, mais l'entente paraît devoir se faire car le but commun est précis et bien déterminé.

Nous concluons donc, en l'état, à la disjonction.

La disjonction paraît d'ailleurs être un fait accompli : elle est la conséquence presque forcée de l'insertion, dans la circulaire du comte Mourawief, de propositions tendant à une entente internationale sur l'adaptation aux guerres maritimes des stipulations de la Convention de 1864. La Conférence de La Haye est saisie de la question particulière à la marine : elle va en conséquence la traiter séparément ou plutôt donner mandat de l'étudier à une Assemblée spéciale qui élaborera un Projet distinct. Rien n'est encore décidé à cet égard.

D'autre part, il est vrai, le Conseil fédéral suisse a demandé que l'on introduisît dans le Programme de la Conférence, la révision proprement dite de la Convention de Genève [1] ; nous ignorons quelle suite pourra être donnée à cette proposition.

[1] Il résulte d'une communication officieuse émanée du Conseil fédéral suisse qu'il a répondu à la circulaire diplomatique de M. le comte Mourawief dans le sens ci-après : « Le Conseil fédéral est toujours disposé à prendre part à la Conférence de désarmement. En ce qui concerne la proposition relative à l'extension aux guerres maritimes des.

## B. — *Ses dispositions.*

En exposant plus haut les dispositions des articles additionnels non ratifiés qui concernent la marine, puis en faisant l'historique des négociations qui ont suivi le Projet, nous avons tenté une critique de l'œuvre de 1868; en même temps, nous avons montré comment, sur certains points, elle gagnerait à être corrigée ou complétée.

Nous serons donc dispensés de reprendre ici en sous-œuvre l'étude d'un Projet de Convention et nous pourrons nous contenter de présenter les observations qui nous ont été suggérées par l'étude de la question.

### a. — LES NAVIRES SAUVETEURS OU SANITAIRES.

La Convention doit prévoir la condition des navires hôpitaux de l'État, des navires des Sociétés de la Croix-Rouge des pays belligérants ou neutres, des embarcations, navires de commerce, canots de sauvetage ou yachts de plaisance, ennemis ou non, faisant acte de sauvetage ou rapatriant des blessés, des malades ou des naufragés.

L'Acte de 1868 (nous avons expliqué pour quels motifs),

« principes consacrés par la Convention de Genève, il a fait observer
« qu'il était d'autant plus satisfait de voir figurer cet objet au programme,
« qu'il avait lui-même entrepris déjà des travaux préparatoires en vue,
« non seulement de régler ce qui a trait à la marine, mais aux fins aussi
« d'introduire dans la Convention de Genève des modifications et amé-
« liorations notables en ce qui touche les armées de terre. Il y aurait
« donc lieu à son avis, d'examiner la question de savoir s'il ne faudrait
« pas comprendre, dans le programme de la Conférence, la révision de
« la Convention de Genève ».

appliqua strictement à la marine les règles posées en 1864
et admit que le droit de prise s'appliquerait aux navires
hôpitaux de l'État. Mais cette solution entraînerait, dans la
pratique, de nombreuses difficultés : il en résulterait qu'au
cours d'une guerre un vaisseau de cette catégorie pourrait
changer de mains un nombre de fois indéfini. Malgré le
tempérament apporté par l'obligation imposée au capteur de ne pas changer l'affectation du navire, l'œuvre
sanitaire serait compromise. On l'a compris. Aussi la tendance est-elle à l'heure actuelle en faveur de l'adoption
d'une règle générale de neutralité au matériel [1] pour
tous les navires sauveteurs, même ceux de l'État. Pour
éviter les abus, une garantie sera exigée, dont la première
idée a son origine dans la proposition de modification de
l'art. 9 additionnel émanée du Gouvernement français [2].
C'est la communication officielle et internationale des
noms des vaisseaux construits ou aménagés par l'Etat pour
coopérer exclusivement à la protection des victimes de la
lutte [3].

(1) En sens contraire, Lueder, *La Convention de Genève*, p. 347
et 348.

(2) Chose curieuse, les recueils de traités anglais et américains ne re-
produisent l'art. 9 additionnel du Projet de 1868 que modifié dans le
sens de la proposition du Gouvernement français, tel le recueil américain
*Treatises and Conventions between the United-States of America and
other Powers*, 1889, p. 1155. Aussi, les auteurs qui ont écrit, en anglais,
sur notre matière semblent-ils assez hésitants sur l'état actuel du droit
et sur les solutions possibles. Voir notamment, Lawrence, *The principles
of international law*, 3e partie, chap. 5, p. 381 et suiv.

(3) Dans ce sens, Ferguson, *The Red Cross alliance at Sea.* — Houette,
*Art. 3 de son Projet de Convention.*

Jusqu'ici, dans les divers projets ou propositions, on a paru considérer que la communication en question n'aurait d'effet utile que si elle précédait la déclaration de guerre. Il n'y aurait aucun inconvénient à admettre qu'un avis d'affectation d'un navire déterminé au service hospitalier pourrait intervenir au cours des hostilités, à la condition naturellement, que la désignation faite fût définitive et que le navire aménagé en hôpital maritime ne fût plus susceptible, dans la suite, d'entrer en armement et de recevoir une affectation de combat.

Nous espérons que les solutions qui précèdent prévaudront dans la prochaine Conférence ; à notre avis, il est essentiel d'adopter le principe de la neutralisation absolue, même au matériel en faveur des navires hôpitaux de l'État, lorsque les formalités internationales prescrites auront été remplies. Nous avouons ne pas comprendre un système dont la conception appartient à des marins, qui semble avoir été accueilli avec une certaine faveur par le Conseil d'amirauté en 1889 et qui sera peut-être défendu devant la Conférence diplomatique : d'après ce système, les navires hôpitaux de l'État naviguant isolément seraient susceptibles d'être capturés, mais ceux qui se trouveraient en vue de la force navale à laquelle ils appartiennent ne seraient pas soumis aux lois de la guerre. Un pareil régime serait incontestablement la cause de difficultés constantes ; il nous apparaît presque aussi impraticable qu'il est anti-juridique.

✼

Tous les Projets préconisent la neutralité absolue des navires de la Croix-Rouge : l'art. 13 additionnel proclamait déjà le principe du respect des bâtiments hospitaliers équipés aux frais des Sociétés de secours reconnues par les Gouvernements signataires de la Convention.

Outre les conditions exigées par ce texte pour l'inviolabilité de ces navires (commission du souverain, etc...), il serait convenable d'ajouter, comme garantie complémentaire, l'obligation d'une communication réciproque que se feraient les Gouvernements, des noms des navires Croix-Rouge ; ceci au même titre et dans les mêmes conditions que pour les vaisseaux hôpitaux de l'État [1]. En effet, bien que la crainte de changement d'affectation du navire soit ici moins sérieuse, elle n'est pas de pure invention, et il est préférable d'employer un moyen, en somme facile et non vexatoire de la réduire à néant.

Il est possible de prévoir que certaines marines n'établiront, dans leur organisation propre, aucune véritable distinction entre des navires hôpitaux proprement dits et des navires hospitaliers équipés par des Sociétés de secours. Les plans de mobilisation de certaines Puissances navales pourront parfaitement assimiler les réquisitions de navires faites pour le compte de l'Etat à celles qui seraient admises au profit des Sociétés de secours.

[1] *Projet italien de 1897*, art. 5.

Il n'y a donc que des avantages à l'assimilation des navires hôpitaux et des navires de la Croix-Rouge, tant au point de vue de la condition juridique qu'au point de vue des règles de forme à observer, des garanties à exiger.

❧

Il sera nécessaire de prévoir dans la Convention l'intervention des navires de secours équipés par des Sociétés de la Croix-Rouge des pays non belligérants. Dans les guerres maritimes de l'avenir, qui auront pour théâtre possible toutes les mers du monde, l'action internationale de la Croix-Rouge se produira avec profit en faveur des blessés et des naufragés.

Cette assistance mutuelle des Sociétés de secours nationales de la Croix-Rouge, s'exerçant au profit des belligérants signataires de la Convention avait été prévue dès 1863 ; la Conférence de Carlsruhe précisa, et émit le vœu que, dans les guerres hors de l'Europe, les Sociétés des pays neutres fussent admises à apporter aux armées belligérantes leur concours soit en numéraire, soit en matériel, soit en personnel [1].

La Conférence de Rome s'occupa également de la question des secours neutres en cas de guerres lointaines, d'outre-mer ou coloniales [2] et se prononça pour l'admission de l'intervention de la Croix-Rouge étrangère ; elle déter-

[1] *Compte-rendu de la Conférence de Carlsruhe*, p. 91 et 136.
[2] *Compte-rendu de la Conférence de Rome*, p. 145 et 387. Rapport du Comité central néerlandais très approfondi au point de vue technique.

mina les règles qui, à son avis, devraient être suivies pour l'agrément de ces secours : acceptation de l'action des Sociétés neutres par la voie diplomatique, par l'inter-médiaire des Sociétés de secours des pays en guerre, par les Comités ou Sections des colonies, ou encore, par les autorités des colonies [1]. L'art. 9 du Projet présenté par le Comité central italien admet l'intervention des navires Croix-Rouge neutres quand cette intervention a été préannoncée aux parties belligérantes.

Si la Convention réglementait d'une manière suffisamment sévère l'action maritime internationale des Sociétés de secours, aucun abus ne serait véritablement à redouter du fait de l'intervention des navires Croix-Rouge étrangers. Leur concours serait dûment soumis à l'autorisation préalable de l'un des belligérants; de plus, les capitaines des navires Croix-Rouge et les délégués des Sociétés présents à bord devraient obéir sans réserve aux règlements et aux injonctions édictés ou prescrits par les autorités maritimes.

L'inviolabilité et le respect des embarcations faisant acte de sauvetage à leurs risques et périls, dans les condi-

---

[1] Dans un sens opposé à l'admission des services de la Croix-Rouge neutre, lire la Conférence de Furley sur la Convention de Genève, *in fine*; compte rendu de cette Conférence, donnée à Londres, le 24 avril 1896, dans le *Bulletin international de Genève,* nº 107. « Il est douteux « en particulier, dit Furley, qu'on admette d'autres États que les belli-« gérants à pratiquer l'assistance volontaire des blessés ». — Au Congrès de Rome de 1892, M. de Vittelleschi formula d'expresses réserves au sujet de l'intervention des neutres qui, selon lui, devrait être limitée au matériel fourni.

tions de l'art. 6 additionnel, devront être maintenus dans la Convention future, qui gagnera à être plus précise et plus détaillée que l'Acte de 1868. Sans avoir à définir d'une manière absolue dans quelles circonstances (combats en haute mer ou dans les eaux territoriales) tels ou tels navires auront à agir, la Convention devra spécialement viser : 1° les radeaux légers [1] dont les navires hospitaliers des Sociétés de secours, les navires hôpitaux de la flotte, ou même dans l'avenir les vaisseaux de guerre eux-mêmes seront pourvus et qui, après la lutte, seront disséminés à la surface des flots ; 2° les canots des Sociétés de sauvetage des ports et les yachts de plaisance, à la fois rapides, maniables et légers dont l'action bienfaisante prendra certainement de l'extension grâce à une protection efficace.

Quant à l'action secourable des navires de commerce, la disposition de l'art. 10 additionnel paraît suffisante à la condition d'être interprétée comme nous l'avons déjà fait remarquer dans le sens du maintien des principes du droit maritime pour ce qui est de la propriété privée.

L'art. 10 additionnel protège les bâtiments du commerce « chargés des blessés et des malades dont ils opèrent l'é- « vacuation ». Il conviendrait de la compléter dans le sens que nous allons indiquer.

Les plénipotentiaires des Puissances réunis au prochain

(1) Voir leur description et leur maniement dans Ferguson, *op. cit.*

Congrès examineraient utilement une question qui n'a été traitée, à notre connaissance, dans aucune des Conférences et que les ouvrages spéciaux n'ont pas mentionnée ; elle a son germe dans les délibérations de 1889 du Conseil d'Amirauté français, qui admit qu'en cas de nécessité, les belligérants pourraient appeler les bâtiments de commerce de toutes nationalités à concourir à l'évacuation des malades et des blessés. Il conviendrait, suivant nous, de ne pas s'en tenir à une demi-mesure et de décréter catégoriquement la possibilité de la réquisition des navires de commerce de toutes nationalités (signataires de la Convention) de passage au moment précis de l'action navale ou traversant postérieurement les parages du théâtre de la lutte.

Nous serions assez partisans d'un système qui pourrait être ainsi défini : les commandants des flottes belligérantes pourront, s'ils l'estiment indispensable aux évacuations, prononcer la réquisition d'office, de gré ou de force, des bâtiments de commerce présents, neutres ou belligérants appartenant à la nationalité d'un des États signataires de la Convention. Comme contre-partie du service rendu ou imposé, il serait équitable d'établir, en faveur du navire neutre, réquisitionné pour contribuer à l'œuvre des évacuations, le principe d'une indemnité correspondant au dommage commercial causé par le changement de direction et le retard ; quant au navire de nationalité belligérante, on pourrait très raisonnablement admettre à son profit, avec la délivrance d'un sauf-conduit, l'exemption de capture durant le trajet à effectuer jusqu'au port où les blessés et les malades seront débarqués.

Il ne nous semble pas que des inconvénients puissent résulter du fonctionnement de ces règles qui, par contre, auraient certainement des résultats heureux au point de vue humanitaire.

Un droit très étendu de visite devra être reconnu aux vaisseaux de guerre des belligérants sur tout navire battant le pavillon Croix-Rouge. C'est, en quelque sorte, la contre-partie de l'exemption de capture. La visite s'appliquera à tous les navires sauveteurs quels qu'ils soient, apparte-nant aux Sociétés de secours des États en guerre, à celles des neutres et même aux marines belligérantes.

Ainsi, bien que cette solution ne soit généralement pas adoptée, nous demandons que les navires hôpitaux de l'État ne soient pas exempts de la visite. Nous ne nous dissimulons pas le caractère tout à fait exceptionnel de cette règle qui, introduite dans la Convention, consacrera une dérogation aux principes absolus universellement admis. Il est à redouter que, si on la propose à la Confé-rence, elle ne soulève de vives protestations, surtout de la part des marins. Mais il n'en reste pas moins vrai que le droit de visite au profit des belligérants est une garantie nécessaire et légitime leur permettant de s'assurer que le sauvetage et le rapatriement des blessés et des naufragés ne sont point un prétexte et ne cachent pas une intention perfide. Ajoutons que seule la visite fera que le croiseur ennemi pourra reconnaître si véritablement le navire hôpi-tal qu'il rencontre correspond bien au signalement et au nom donnés par la communication officielle d'affectation au service sanitaire.

※

Il semblerait que, grâce à toutes les conditions exigées et à toutes les garanties fournies que nous avons énumérées, les abus ne fussent désormais guère à craindre, en principe du moins, de la part des navires sauveteurs ; sans doute, il y aura peu de chances pour que l'emblème de la Croix-Rouge, les peintures spéciales, les brassards dissimulent des projets et des entreprises hostiles. Mais il n'en est pas moins vrai qu'il faut accumuler les garanties dans l'intérêt même de l'œuvre de sauvetage qu'il importe de ne jamais laisser suspecter.

Aussi, le maintien et même, dans une certaine mesure, l'extension de la disposition du § 3 de l'art. 10 additionnel s'imposent-ils. Les commandants des flottes de guerre trouveront, dans la Convention, un complément, un prolongement de leur droit de visite : la faculté leur sera reconnue de prescrire des directions, des routes, des délais aux navires sauveteurs et sanitaires quels qu'ils soient. La mesure de l'usage à en faire sera laissée à la discrétion et à l'humanité des belligérants qui concilieront leur intérêt bien entendu avec le devoir moral de ne pas imposer aux ambulances flottantes des traversées et des stationnements d'une durée telle qu'elle deviendrait préjudiciable aux malheureux blessés.

Ajoutons qu'il ne serait pas exact de voir, dans l'exercice par les belligérants du droit qui nous occupe, une marque de défiance exagérée vis-à-vis des vaisseaux sauveteurs. Bien évidemment, l'amiral, qui réquisitionnera un navire ennemi pour le transport des blessés, obéira probablement, en lui imposant de prendre une direction opposée à celle des escadres ennemies, à l'idée d'empêcher le capitaine de ce navire de ravitailler ou de renseigner la flotte de son pays ; mais, en général, et il importe de le dire, spécialement pour le cas des bâtiments de la Croix-Rouge, l'obligation d'attendre des délais ou de suivre certains trajets sera inspirée par le désir très légitime du commandant d'une force navale de ne pas révéler à l'adversaire, d'une manière certaine, sa position stratégique ; la visite du navire hospitalier est consignée sur son livre de bord où le procès-verbal est dressé ; il suffirait au capitaine d'un croiseur ami de l'ouvrir pour être immédiatement fixé sur la situation exacte, et par induction sur les intentions probables de l'ennemi.

Tous les Projets de Convention ont mentionné la visite comme s'appliquant aux vaisseaux des Sociétés de secours ; et il semble qu'il ne se soit pas manifesté de contestations sérieuses. La prochaine Conférence se prononcera certainement pour le maintien du droit de visite au profit des belligérants.

Nous tenons pourtant à signaler une anomalie du Projet du Comité central italien de 1897. Sous la réserve que nous avons faite plus haut quant au caractère trop compréhensif des clauses de ce projet, ce texte contient des données excellentes sur l'œuvre maritime des Sociétés de secours, et pourtant il ne prévoit pas la visite : nous craignons que ce ne soit pas un oubli. La rédaction italienne (qui comprend 30 articles dont beaucoup sont subdivisés en plusieurs paragraphes) prévoit toutes les situations possibles avec un grand luxe de détails; il n'est pas fait la moindre allusion au droit de visite. Bien plus, une disposition fort contestable est contenue dans l'art. 18 du Projet qui porte que « les navires Croix-Rouge sont libres « de leurs manœuvres et ne pourront être astreints par des « ordres spéciaux ».

Le contraire nous paraît devoir être admis : nous avons dit pour quels motifs. D'ailleurs, jamais les Puissances navales n'admettront que les vaisseaux des Sociétés de secours puissent évoluer en toute liberté. Il n'est qu'une raison qui pourrait être invoquée contre l'application du droit de visite aux navires de secours : c'est que les croiseurs se feront facilement, par la visite, une idée des pertes subies par l'ennemi, par conséquent une opinion très nette sur l'affaiblissement de ses forces navales et sur ses chances plus ou moins sérieuses de résistance. L'expression de cette crainte a déjà été formulée dans une certaine théorie qui repousse l'introduction, dans les combats, de tempéraments quels qu'ils soient à l'essence même de la guerre et à ses conséquences les plus odieuses. S'arrêter à ces idées, c'est se refuser à reconnaître la base de la Convention de Genève : nous ne discuterons même pas les objections possibles, puisque nous supposons le principe posé en 1864 comme dès lors acquis à l'humanité.

C.                                                        13

*b.* — Emblèmes et signaux.

Il est inutile d'insister longuement ici sur les pavillons, les peintures, les brassards dont la Convention prescrira l'usage [1] : il suffira de signaler en quelques mots les dispositions qui pourraient utilement compléter celles de 1868.

Et d'abord, il conviendra, en tenant compte des observations qui ont été présentées après 1868 par le Gouvernement russe, d'ajouter à l'art. 12 additionnel un paragraphe spécifiant que tout bâtiment susceptible d'être admis à un titre quelconque à bénéficier de la neutralité, devra toujours conserver hissé le pavillon blanc à Croix-Rouge qui est l'emblème caractéristique de sa mission hospitalière.

De plus, la Convention aura à prévoir pour les communications entre les navires de guerre et les navires hospitaliers sur le théâtre de la lutte, deux signaux spéciaux qui n'étaient pas prévus dans l'Acte de 1868, mais dont l'idée première se trouve dans les vœux de Berlin de 1869. L'adoption en a été, depuis lors, proposée dans les différents Rapports adressés par les Comités centraux au Comité italien [2] en 1892 ; elle l'est encore, à l'heure actuelle, dans l'art. 21 du Projet italien de 1897. L'Acte international à intervenir contiendra l'in-

---

[1] Projet d'articles additionnels de 1868, art. 12, § 1 et 3; art. 13, § 3.

[2] Rapport de M. d'Espine. Voir notamment les Rapports français et danois. Rapport de M. de Vogüé dans le *Bulletin de la Société française de secours,* déjà cité.

dication d'un signal de détresse (pavillon jaune) par lequel un bâtiment de guerre, brûlant ou coulant, appellera le secours des navires hospitaliers. Un autre (pavillon jaune au-dessous du pavillon C du Code international des signaux) indiquera que le commandant d'un navire de combat acceptera [1] l'assistance ou l'intervention d'un navire de secours [2]. Enfin, un dernier signal, non prévu dans les vœux de 1869, mais dont l'adoption a été réclamée depuis, notamment dans l'art. 25 du récent Projet italien sera spécial au refus des secours de la Croix-Rouge par le capitaine d'un vaisseau combattant [3] (pavillon jaune au-dessus du pavillon D du Code international des signaux).

### c. — LE PERSONNEL MÉDICAL ET HOSPITALIER.

Le personnel des navires hôpitaux de l'État et celui des vaisseaux hospitaliers des Sociétés de secours sera respecté au même titre. Tous les navires remplissant les conditions que nous avons indiquées étant, au point de vue de la protection et de la situation juridique, sur le même rang, il n'y aura pas de raisons pour distinguer la condition du personnel médical et hospitalier de la flotte de celle des équipages sanitaires de la Croix-Rouge.

Cependant, la Convention future devra conserver une

---

(1) Le Projet italien de 1897 qui reconnait en principe la liberté d'action des navires Croix-Rouge admet la présomption d'acceptation des secours et ne prévoit donc que le pavillon de refus.

(2) Propositions de M. Houette, art. 9, § 3 de son Projet.

(3) Propositions de M. Houette, art. 9, § 4 de son Projet.

disposition analogue à celle de l'art. 8 additionnel : 1° en faveur du personnel des navires faisant acte de secours qui n'ont pas droit à l'exemption de capture ; par exemple les bâtiments affectés par l'État au sauvetage qui n'auraient pas été l'objet d'une communication officielle entre les Gouvernements ; 2° en faveur des médecins et brancardiers des postes de secours de ceux des vaisseaux de combat qui, au cours de la guerre, tomberaient aux mains de l'ennemi. Dans ces deux cas le personnel neutralisé sera laissé libre de rejoindre la flotte à laquelle il appartient, après avoir continué à remplir ses fonctions pendant le temps jugé nécessaire.

Aucune objection sérieuse ne nous paraît devoir être opposée à la neutralisation complète de tout ce personnel médical et hospitalier. Il n'y a aucune divergence en ce qui concerne celui de la Croix-Rouge. Il n'y a eu de contestations que pour celui qui relève directement des forces navales. Sans doute, au point de vue de l'Administration de la marine, ce personnel est militaire ; mais il l'est aussi peu que possible. Il y a si peu antinomie entre la neutralisation et le fait d'être « militaire » que la Convention de Genève a « admis au bénéfice de la neutralité, le personnel « des hôpitaux et des ambulances comprenant l'intendance, « les services de santé, l'administration du transport des « blessés tant que les aumôniers » [1].

_____

[1] Le personnel médical et hospitalier des navires hôpitaux de l'État peut comprendre des catégories distinctes de personnes ; outre les médecins de la flotte et les brancardiers marins, il peut y avoir à bord des chirurgiens et des sauveteurs volontaires : ceci spécialement dans le cas

La seule différence existant entre ce qui est admis et reconnu pour la guerre continentale et ce qu'il faudra adopter sur mer, réside dans ce fait que la neutralité sera, dans le second cas, plus étendue quant au temps : le bénéfice de la neutralité sera nécessaire au personnel sanitaire de la flotte, non seulement tant qu'il y aura des blessés à secourir, mais aussi avant et après ce moment ; autrement dit, l'exemption de capture sera accordée aux équipages des navires hôpitaux qui n'auraient pas encore recueilli de blessés ou qui, en ayant rapatrié, reviendraient à vide pour en prendre d'autres à bord.

Il n'y a aucun intérêt à exiger dans la Convention le port d'un uniforme de la part du personnel médical et hospitalier : l'emblème de la Croix-Rouge et les peintures spécifiées suffiraient. Néanmoins, l'usage de l'uniforme s'appliquera sans doute aux médecins et aux infirmiers de la flotte. Quant au personnel des navires des sociétés de secours on pourra fort bien se contenter du signe distinctif du brassard. La disposition de l'art. 12 du Projet du Comité italien tendant à exiger un « uniforme identique « pour toute les nations » semble d'une parfaite inutilité.

### d. — Blessés, malades et naufragés.

Dans l'exposé que nous avons fait, au cours de cette étude, des dispositions des articles additionnels, nous

d'un vaisseau réquisitionné par l'État (un paquebot par exemple). On peut parfaitement concevoir une organisation mixte de cette nature ; c'est une affaire de législation intérieure essentiellement variable suivant les marines.

avons eu l'occasion de remarquer que le système consacré en 1868 n'était pas absolument parfait en ce qui touche la situation des blessés, des malades et des naufragés; nous avons constaté un certain manque d'harmonie entre les solutions offertes suivant que l'assistance leur est fournie par les vaisseaux hôpitaux de l'État, par les navires des Sociétés de secours ou par les bâtiments de commerce.

Étant donné que nous nous sommes prononcé pour l'assimilation de la protection accordée à toutes les catégories de navires sanitaires, nos conclusions pour la situation faite aux victimes de la guerre ne pourront être exactement les mêmes que celles adoptées en 1868.

La question de la protection des blessés, des malades et des naufragés serait facile à résoudre si l'on se contentait de poser un principe analogue à celui de l'art. 6 de la Convention de Genève : respect et droit aux soins.

Le problème se complique étrangement quand on s'applique à déterminer et à définir, avec exactitude, les conséquences de ces prémisses en ce qui concerne les blessés et les malades et surtout quand on aborde l'étude du sort des naufragés. Pour plus de précision, il est nécessaire de distinguer soigneusement les deux cas.

❊

Et d'abord, les blessés et les malades : ils sont recueillis par les vaisseaux hôpitaux de leur flotte ou même par ceux de l'ennemi, par les navires hospitaliers de la Croix-Rouge ou par les bâtiments de commerce. La Convention devra écarter toute distinction et prescrire dans tous les cas, en même temps qu'une protection et qu'une sauvegarde identiques, une égale incapacité de reprise de service.

Cet empêchement de reprendre les armes est la conséquence de la protection accordée. Il s'applique même aux blessés soignés dans les vaisseaux hôpitaux. C'est une solution différente de celle adoptée sur terre : mais elle s'impose étant données les conditions spéciales de la lutte sur mer : les belligérants ne peuvent se reconnaître mutuellement le droit de faire accompagner leurs escadres par des hôpitaux flottants insaisissables dont la mission serait de guérir, en vue d'un nouveau service militaire, ceux des matelots qui seraient peu grièvement atteints. Outre que l'œuvre d'assistance serait ainsi détournée de son but, la guerre ne pourrait être que prolongée et par là ses horreurs augmentées.

Il ne nous échappe pas que des situations peut-être pénibles résulteront, pour le patriotisme des blessés et des malades guéris, de l'incapacité qu'ils subiront de ne pouvoir reprendre les armes. Mais il n'est pas d'autre solution possible : il faut faire une moyenne des exigences diverses plus ou moins contradictoires ; ce serait folie que de tenter de les satisfaire toutes. D'ailleurs, il est un tempérament qui s'offre pour atténuer l'inconvénient que nous venons de relever : les commandants des navires de guerre auront toujours la faculté de garder, dans l'infirmerie ou dans le poste de secours, ceux des blessés ou des malades dont le médecin du bord jugerait le cas peu grave et espérerait la guérison très prochaine.

L'obligation de ne plus reprendre les armes s'imposera à tous les blessés ou malades rapatriés qu'il soient remis aux autorités compétentes d'un port de leur pays d'origine par un navire ennemi ou neutre, par un bâtiment d'une flotte de guerre ou par un vaisseau Croix-Rouge ou de commerce. Aux Gouvernements belligérants incombera la responsabilité d'empêcher la reprise de service dans le cas où elle serait tentée.

Il serait téméraire de vouloir étendre aux guerres maritimes la disposition extensive de l'art. 6 de la Convention de Genève que contient l'art. 5 additionnel ; il est d'ailleurs fort douteux que, lors d'une révision éventuelle de l'Acte de 1864, on introduise dans la Convention la réforme de 1868.

Expliquons-nous : dans une guerre navale, encore moins que dans un conflit continental, il ne sera possible d'exiger une restitution immédiate et générale des blessés physiquement incapables de servir à nouveau [1]. Il serait même exagéré de prévoir, entre les belligérants, un échange général et mutuel de leurs blessés grièvement atteints. En raison des difficultés inséparables des transports sanitaires maritimes, la Convention devra, croyons-nous, ne mentionner qu'une possibilité ; elle devra porter que, dans la mesure où les circonstances le permettront, les blessés seront rapatriés ; rien de plus.

(1) Voir la réserve concernant les officiers dont la possession importerait au sort des armes. Art. 5 additionnel du Projet de Convention de 1868.

Les vœux anciennement émis en sens contraire sont très humanitaires, mais ils sont inconsidérés et ne tiennent pas compte des situations de fait. D'ailleurs, il paraît bien que la tendance actuelle soit de revenir, à cet égard, sur les errements passés (1).

Quelle sera maintenant la situation des naufragés? Écartons, tout d'abord, le cas très simple où l'équipage d'un navire désemparé sera recueilli par un vaisseau de guerre ennemi ou par un navire de secours également ennemi qui transportera les naufragés dans un port où ils seront internés comme prisonniers de guerre (2).

Mais, supposons la situation contraire : les naufragés ont été chargés à bord d'un navire hôpital de la flotte à laquelle ils appartiennent, d'un navire Croix-Rouge de leur nationalité et sont évacués vers un port national; dans cette éventualité, la lumière est loin d'être faite et il règne la plus grande confusion dans les avis exprimés.

Nous avons, en étudiant plus haut l'art. 6 additionnel, défini le fondement de l'incapacité de servir en ce qui concerne les naufragés; nous l'avons dit, le criterium est celui-ci : un belligérant consent à ne pas laisser périr les équipages des vaisseaux ennemis qui sombrent, il les recueille ou, ce qui revient au même, il les laisse recueillir par des navires dont il respecte la mission; il acquiert par

(1) Dans ce sens : *Mémoire Houette,* p. 30, *in fine.*
(2) Voir plus loin le cas du dépôt dans un port neutre.

là le droit de ne plus rien avoir à craindre des matelots ainsi sauvetés. Aucune autre solution ne semble praticable, à moins de renoncer au principe humain du sauvetage des naufragés posé en 1868.

Et cependant, dans l'application, des difficultés redoutables se présenteront : pour s'en convaincre, il suffit de prévoir un cas, celui des naufragés recueillis sur des vaisseaux hôpitaux de leur flotte ; leur sauvetage aura été accompli en la présence et du consentement d'un navire ennemi qui aurait pu les faire prisonniers de guerre : il ne l'a pas fait ; par humanité, c'est douteux, mais plutôt pour ne pas encombrer ses cales de sujets qui, une fois ranimés manifesteraient des sentiments peu empreints de résignation. Rationnellement, les naufragés dont nous parlons, devant en somme la vie à la générosité de l'ennemi qui n'a pas entravé leur sauvetage, ne devront plus servir. La Convention devra proclamer leur incapacité de reprendre les armes. Mais, dans la pratique, sera-t-elle rigoureusement appliquée ! C'est douteux. Si les naufragés étaient transportés dans un port ennemi ou dans un port neutre, leur non-reprise de service serait facilement assurée, mais, dans le cas de rapatriement, c'est bien différent : même en supposant l'entière bonne foi des autorités maritimes, qui oserait affirmer qu'aucun des ex-naufragés ne reprendra son poste de combat dans la flotte, ou du moins ne s'engagera pas dans une armée pour la durée de la guerre ?

Malgré ces inconvénients que nous ne cherchons pas à atténuer, nous pensons donc que l'incapacité de servir jusqu'à la fin de la guerre devra frapper les naufragés recueillis par les vaisseaux hôpitaux, les navires de la Croix-Rouge ou autres bâtiments en présence de l'ennemi.

Supposons maintenant le cas de naufragés qui ne pour-raient être considérés comme sauvés sous la sauvegarde et du consentement de l'ennemi, ainsi ceux d'un vaisseau atteint par les coups de l'ennemi qui ne sombrerait qu'a-près le combat (l'hypothèse est réalisable dans le cas où de grandes pertes auraient été subies des deux côtés); il serait loisible aux autorités maritimes de donner à ces naufragés une nouvelle affectation de combat. Cette solu-tion est une conséquence naturelle du criterium que nous avons posé; il est à peine besoin de dire qu'elle changerait si le navire rapatriant les naufragés en question était, en cours de route, l'objet de la visite d'un croiseur ennemi : au point de vue de l'incapacité de servir, visite vaut capture.

Un système différent de celui que nous admettons comme donnant satisfaction, au moins juridiquement, a été dé-fendu. Son point de départ est cette considération de fait dont nous n'avons d'ailleurs pas cherché à atténuer la portée : il est pratiquement inadmissible que des hommes valides sauvés par un bâtiment de secours et ramenés dans leur propre pays ne soient plus aptes à servir pendant la durée de la guerre, car « on refuserait de se laisser sau-« veter comme on refuse de signer un revers » [1].

Encore une fois, au point de vue du fait, nous recon-naissons la justesse de cette déclaration et l'on ne peut que

(1) *Mémoire Houette*, p. 30.

souhaiter que beaucoup de marins aient un pareil courage, quitte à obliger leurs sauveteurs à user de la contrainte. Mais, ce qui est moins admissible, c'est ce que l'on nous propose ; on ne demande rien moins que d'introduire, dans la Convention, une clause dont voici l'esprit : les naufragés recueillis et valides ne seraient rendus inaptes à servir pendant la durée de la guerre qu'autant qu'ils auraient été débarqués en pays neutre ou ennemi ; mais ceux qui seraient transportés par un navire quelconque pourraient être réclamés à son capitaine par un navire de guerre de leur nationalité.

Nous ne croyons pas qu'il soit utile d'insister beaucoup sur les conséquences qu'aurait l'adoption d'un pareil régime, pour en faire ressortir toutes les impossibilités. Les bâtiments hôpitaux, les navires de la Croix-Rouge après avoir recueilli des naufragés n'auraient qu'un souci d'ailleurs très légitime : celui de remettre immédiatement les naufragés nationaux à l'un des navires de la flotte amie et de fuir les parages de l'escadre ennemie de crainte de voir leur chargement fait prisonnier. Ils se garderaient bien de se hâter vers un port neutre, à moins d'avoir à bord une cargaison importante de naufragés ennemis. Les navires hospitaliers ayant à bord des réserves toujours fraîches deviendraient les pourvoyeurs des flottes de guerre ; détournés de leur but, ils influeraient d'une manière active et presque directe sur les chances du combat.

Nous repoussons avec d'autant plus d'énergie cette solution que ceux qui la proposent invoquent en sa faveur (!) le nombre considérable des naufragés des guerres futures en proportion du nombre des blessés. Et il faut compter qu'il ne fera maintenant que croître avec le perfectionnement des engins autonomes sous-marins.

❈

Nous avons fait incidemment allusion au dépôt des blessés, des malades et des naufragés dans des ports neutres.

Cette faculté qui pourrait être reconnue aux navires de guerre, aux navires hôpitaux et aux bâtiments hospitaliers Croix-Rouge, de débarquer en territoire neutre les blessés, les malades et les naufragés n'est pas prévue par les articles additionnels de 1868. Elle constituerait une exception aux principes généraux du droit des gens qui considèrent comme une intrusion dans les hostilités toute action d'un État neutre qui directement ou non peut influer sur le résultat final des opérations de guerre en cours.

Or, en l'absence d'une disposition conventionnelle expresse, un État non belligérant sortirait de la réserve qui lui est imposée et serait valablement accusé de partialité s'il laissait un navire de guerre se décharger dans un de ses ports des blessés et des malades qui encombrent ses ponts, ses tourelles, ses batteries. Le droit des gens, dans la rigueur de ses principes, considérerait certainement qu'il y a là assistance illicite prêtée par le neutre au navire de combat qui, débarrassé d'un encombrement gênant, recouvrerait ses qualités manœuvrières et pourrait reprendre utilement sa croisière ou rejoindre le gros de la force navale dont il dépend.

On peut rapprocher de ce cas, celui du transit d'un convoi de blessés sur un territoire neutre que prétendrait organiser un belligérant; il y aurait là une prétention exorbitante. C'est ainsi qu'en 1870, le Gouvernement français s'opposa au passage d'un convoi de blessés allemands par la Belgique.

Et pourtant, on a proposé, avec grande raison à notre sens, une modification du droit commun sur ce point [1]; la Convention admettrait tous les navires chargés de blessés quels qu'ils soient, à débarquer dans un port neutre leurs blessés ou leur cargaison de malades et de naufragés.

L'objection de l'assistance fournie par les neutres tombera d'elle-même, puisque la Convention déclarera, dans l'intérêt supérieur des victimes de la lutte, qu'il n'y aura plus là qu'une mesure générale et réciproque en leur faveur; et puis, à un autre point de vue les belligérants n'ont pas à se plaindre : les blessés, les naufragés ennemis déposés en pays neutre deviennent, de par le jeu même des principes généraux, incapables de reprendre les armes. Ajoutons, qu'en fait il y aura moins de chances de fraude de la part des blessés ainsi descendus sur territoire neutre que de la part de ceux qui auront été rapatriés.

La Convention rendra avec avantage, très générale la

[1] *Mémoire Houette*, p. 20.

règle qu'elle posera dans cet ordre d'idées. Il serait même utile d'y faire figurer pour les navires hospitaliers de toutes catégories l'obligation de débarquer les blessés et. les naufragés dans le port le plus voisin des eaux où le sauvetage ou le transbordement auront été opérés [1]. Ceci dans l'intérêt des individus transportés qui ne subiront que la traversée la moins longue possible et aussi dans le but de rendre disponibles dans le plus bref délai les navires hospitaliers qui reprendront le cours de leur mission d'assistance.

Des règlements spéciaux détermineront les ports neutres dans lesquels des débarquements de cette nature pourront être effectués [2].

Il est peu probable que des objections bien sérieuses soient faites à la faculté ou même à l'obligation de dépôts de blessés, malades ou naufragés dans le port le plus voisin du combat, et plus spécialement dans un port neutre. En effet, la mesure qu'il faut souhaiter de voir consacrer par la Convention n'aura pas pour résultat de fournir aux belligérants une assistance ou des facilités telles que l'état de guerre puisse en être prolongée. Sans doute, les navires de guerre seront plus facilement allégés de leurs impedimenta; mais il ne faut pas se faire d'illusion : la présence

---

(1) L'art. 29 du Projet de 1897 du Comité central italien porte : « Les « navires Croix-Rouge débarqueront les naufragés et les blessés sur le « point le plus rapproché du lieu du combat, même s'il était neutre ».

(2) Brémaud, *Étude sur le service médical à bord, à l'occasion du combat, suivie d'une note sur l'évacuation des blessés d'une armée navale.* Voir les dernières pages.

de ceux-ci à bord serait bien plus une souffrance pour les malheureux qui auraient à pâtir d'un entassement anti-hygiénique et d'un manque de soins fatal, qu'une gêne pour le capitaine qui s'efforcerait de continuer à tirer, au point de vue tactique, tout le parti possible de son bâtiment de combat.

### e. — Mesures complémentaires.

Nous nous sommes prononcé, lors de la critique que nous avons faite des articles additionnels, dans un sens nettement défavorable à la clause contenue dans l'art. 14 additionnel de 1868; nous croyons avoir suffisamment montré tout le danger qu'il y aurait à admettre, d'une manière expresse, dans la Convention elle-même qu'un belligérant pût, en cas de forte présomption de violation de ses clauses par son adversaire, en suspendre les effets. Les abus ne seraient pas seulement autorisés; ils seraient provoqués.

Dans l'Acte international à conclure, il serait désirable de ne rien prévoir de semblable. Il serait infiniment plus juste et plus pratique à la fois d'édicter des mesures propres à assurer le respect des dispositions internationales. Malheureusement l'entente est loin de s'être produite jusqu'à ce jour sur les solutions possibles. La question est, pourtant, depuis longtemps à l'étude puisqu'à vrai dire elle n'est pas spéciale à la guerre maritime : elle est même beaucoup plus générale. Cependant son étude, au moins succincte, doit trouver sa place ici, puisque l'art. 14 addition-nel, point de départ des discussions, est spécial à la marine.

Une proposition faite qui a été accueillie avec une certaine faveur est le projet d'institution d'un tribunal arbitral dont la mission serait de poursuivre les violateurs de la Convention, soit d'office, soit sur la plainte des belligérants lésés, et de leur appliquer des peines à déterminer.

L'idée est séduisante ; mais elle n'est guère réalisable : en ces matières, il importe d'avoir toujours en vue des solutions pratiques. Or, le système de l'arbitrage proposé [1], créé pour fonctionner au cours de la guerre, est inapplicable ; tout prêterait à des discussions, à des incidents qui finalement conduiraient à l'échec certain et piteux de ce qui aurait été tenté : constitution des arbitres adjoints au Comité international de Genève, mode de poursuites contre les auteurs du délit de violation de la Convention, fixation des peines à leur appliquer, exécution des jugements intervenus, etc... Et puis, la juridiction arbitrale s'étendrait-elle aux navires hôpitaux de l'État et même aux commandants des forces navales des belligérants ? Poser la question c'est montrer qu'on ne peut la résoudre.

Certes, les relations internationales doivent tendre à devenir de plus en plus juridiques, de moins en moins diplomatiques ou surtout de moins en moins militaires ; certes, l'idéal toujours présent à l'esprit des penseurs et même des hommes d'État doit être d'arriver à faire reconnaître par les nations une législation commune supérieure

[1] *Bulletin international,* n° 11 (avril 1872). — Note de M. Moynier sur la création d'une institution internationale propre à prévenir et à réprimer les infractions à la Convention de Genève.

et un tribunal suprême, dont les décisions s'imposeraient à tous, sans qu'il soit pour cela nécessaire de recourir à la force, puisque la volonté ainsi exprimée deviendrait immédiatement la volonté de tous.

Mais n'est-il pas plus rationnel, plus méthodique et aussi plus réalisable, avant d'improviser une telle organisation en vue du temps de guerre, de songer à en assurer le fonctionnement régulier dès le temps de paix pour prévenir dans la mesure du possible les conflits armés ?

Non, il faut renoncer résolument à l'utopie séduisante d'un tribunal arbitral jugeant de très haut les violations d'une Convention telle que celle de Genève et surtout d'une Convention relative à la marine. Les faits reprochés aux délinquants seront en général peu connus et n'auront eù, dans presque tous les cas, pour témoins que des ennemis disposés à qualifier d'abusifs et de barbares les actes rigoureux, mais pourtant légitimes de leurs adversaires.

Nous ne pensons pas qu'il sera possible d'insérer dans les articles complémentaires de la Convention future autre chose qu'une clause par laquelle les États signataires s'engageraient : 1° à organiser dans leur législation propre la répression du délit de violation des règles humanitaires posées, et 2° à prescrire les mesures les plus indispensables pour porter à la connaissance des troupes et des populations la teneur des articles de la Convention, ainsi que les peines encourues par les violateurs [1].

(1) Moynier, *Révision de la Convention de Genève,* p. 37 et 38. Voir les art. 33 et 34 du nouveau Projet du Comité international. Le Projet rédigé en 1892 par M. Houette ne contient pas de clause sem-

Il serait imprudent de spécifier que des peines devront être introduites par les législations des divers États dans un délai fixé. Ce qu'il est possible de faire quand il s'agit de Conventions internationales d'un caractère purement administratif, d'Unions en vue d'un service public (par exemple l'Union postale), devient impraticable en ce qui concerne un traité contenant des stipulations philanthropiques. Il y aurait des inconvénients majeurs, à un autre point de vue, à procéder ainsi; un Gouvernement signataire peut rencontrer dans le jeu de ses institutions politiques des obstacles insurmontables au vote des mesures générales prescrites par la Convention : retards parlementaires, votes hostiles au projet, etc..... Or, il importe qu'un État ne soit pas exclu des bienfaits d'un acte humanitaire pour des motifs qui, sans doute, dépendent de lui juridiquement, mais qu'en réalité il n'a pas créés.

Ce qui est plus urgent que de déterminer des peines (que suppléerait au besoin l'action diplomatique) à infliger aux violateurs de la Convention, c'est de prendre des mesures pour répandre dans les armées et pour vulgariser, dans le grand public, la connaissance des dispositions les plus essentielles de la Convention. Il existe une Convention de Genève de 1864 : en 1870, l'armée française ne la connaissait pas assez. L'expérience n'a pas porté suffisamment ses fruits; les officiers savent peut-être maintenant qu'il y a une Convention de secours aux blessés dont mention est

blable à celle de l'art. 14 additionnel et ne la remplace par aucune mesure analogue à celle que nous définissons. Rien également à ce sujet dans le Projet du Comité central italien de 1897.

d'ailleurs faite en quelques lignes dans un *manuel du gradé* [1]; loin de nous la pensée de soupçonner nos officiers d'un parti pris quelconque; mais nous ne pouvons nous empêcher de constater que dans notre armée on ne veille pas avec assez de diligence à la diffusion de la connaissance des principes de la Convention parmi les hommes; ceux-ci conservent un sentiment très vague et un peu inquiet de l'emblème rouge sur fond blanc qu'ils ont remarqué sur certaines voitures grises qui suivent les bataillons.

Dans la marine, rien, absolument rien. Aux États-Unis, on exige, au moins, des officiers de marine qu'ils possèdent quelques idées sur les principes généraux de l'Acte de 1864 et de son application possible sur mer. Chez nous, rien de prévu; il est vrai que l'Administration de la marine peut répondre aux critiques possibles que le Projet d'articles additionnels signé à Genève en 1868 n'a pas encore été l'objet des ratifications des Gouvernements intéressés.

### 3° L'organisation des secours par la voie de la réglementation intérieure.

Lorsque la Convention internationale définissant la protection accordée aux victimes de la guerre maritime sera ratifiée, des dispositions législatives ou réglementaires devront être prises dans les différents États, tant pour

(1) Signalons aussi le livre du colonel Guelle, *Précis des lois de la guerre,* 1884.

assurer le respect des dispositions internationales, que pour organiser leur fonctionnement.

Les mesures à prendre auront parfois un caractère juridique, en même temps que technique ; mais toutes trouveront leur place dans des règlements maritimes, dans des instructions spéciales.

Nous ne nous proposons pas de prévoir ici, dans le détail, quelles seront les dispositions qui seront nécessaires : pour les étudier, il faudrait posséder une compétence navale et médicale que nous n'avons pas ; ce serait sortir aussi de la tâche limitée que nous nous sommes assignée ; enfin, nous ne pourrions, malgré notre bonne volonté, être complet, car il y aura sans doute autant de modes différents d'assistance sanitaire maritime qu'il existe de Puissances navales. Il faut se contenter, à cet égard, d'exprimer ici l'idée que les règlements à élaborer, quels qu'ils soient, devront être en harmonie avec la lettre et avec l'esprit de la Convention internationale.

Ce qu'il nous faut faire, c'est, en nous plaçant spécialement au point de vue de notre pays, indiquer un programme des principaux moyens à employer pour arriver aux résultats les plus féconds, c'est esquisser un aperçu des arrangements administratifs ou juridiques qu'il sera opportun de provoquer.

Nous ne prendrons pas parti dans une querelle qui divise les spécialistes et qui n'est sans doute pas à la veille d'être définitivement vidée : elle porte sur la détermination technique des secours appropriés à telles ou telles éventualités tactiques. Les uns veulent exclure l'action des Sociétés de la Croix-Rouge de l'assistance des victimes des combats en haute mer et n'admettent dans les batailles qui surviennent loin des côtes que la présence de bâtiments hôpitaux; d'autres préconisent l'activité maritime illimitée des vaisseaux Croix-Rouge. Alors que, pour une école, les navires de secours doivent suivre l'escadre dans ses évolutions ou dans ses croisières, pour une autre, le voisinage de ces vaisseaux, même de ceux qui sont attachés administrativement à la flotte, serait une gêne constante et il conviendrait de n'user de leurs services qu'en leur assignant des routes et des rendez-vous [1].

Sans insister davantage sur la deuxième de ces questions, qui est toute spéciale et que des gens du métier pourront seuls élucider, nous dirons qu'à notre sens la première n'a peut-être pas toute l'importance qui lui a été attribuée; de ce qu'un navire de secours est équipé par la marine d'un État, ou par des Sociétés nationales privées de la Croix-Rouge, il n'en résulte pas nécessairement une différence absolue quant à son utilisation dans telle ou telle circonstance. Tout dépendra bien plutôt du mode de construction du navire, de sa vitesse, de son personnel, des liens de subordination qui existeront entre son capitaine et les autorités maritimes.

Aussi ne nous paraît-il pas inexact de dire qu'au point

(1) Auffret, *Les Secours aux blessés et aux naufragés des guerres maritimes*, p. 40 et suiv. — Houette, *Mémoire*, p. 27.

de vue des services éventuels qu'ils sont susceptibles de
rendre, les navires de la Croix-Rouge peuvent être assimi-
lés aux navires hôpitaux de la flotte de guerre. Mais pour
cela une condition sera indispensable : l'obéissance rigoureuse et, pour dire le mot, la quasi-militarisation, en temps
de guerre, du personnel des Sociétés de secours embarqué
sur les ambulanciers. A cet égard, l'exemple de la Croix-
Rouge japonaise serait fécond en enseignements.

⁂

L'idée de la constitution d'une sorte de marine sanitaire
privée, mais étroitement dépendante de celle de l'État, est,
croyons-nous, la solution de l'avenir ; les liens étroits qui
la feront dépendre des autorités maritimes seront les
mêmes que ceux qui furent décrétés en 1870 en Allemagne
pour la marine volontaire auxiliaire [1].

L'État retirerait de notables avantages d'un tel système
qui lui assurerait, dans l'éventualité d'une guerre, toutes
les garanties souhaitables de discipline et de dévouement.
La mobilisation, qui porterait sur les Sociétés de secours,
offrirait à la marine des services préparés intelligemment
dès le temps de paix et sous sa haute direction, par l'initiative privée. L'Administration de la marine n'aurait, dans
les longs intervalles de paix, qu'à réunir les cadres les
plus essentiels ; elle pourrait se dispenser d'entretenir, à

[1] *Archives diplomatiques*, 1871-1872, t. I, p. 258, n° 236. — Or-
donnance royale relative aux armements maritimes volontaires en date
du 24 juillet 1870.

grands frais, des services spéciaux très coûteux fonctionnant à vide, certaine de trouver, lorsqu'éclatera la guerre, des bonnes volontés disciplinées et un matériel prêt à servir.

Tout ceci n'irait pas, évidemment, sans une certaine transformation des idées reçues jusqu'à ce jour. Il faudrait, tout d'abord, donner une consécration officielle au rôle maritime des Sociétés de secours qui n'ont, que sur le sol français, une existence juridique ; il conviendrait ensuite de resserrer, ou plus exactement de créer des rapports entre l'État et les Comités maritimes de la Croix-Rouge.

⁂

A la suite du remarquable rapport présenté en 1889 par M. de Vogüé à la Société de secours aux blessés militaires [1], le Gouvernement fut sollicité de rendre un décret réglementant le fonctionnement sur mer de la Croix-Rouge française. Ce décret eût été analogue à celui du 3 juillet 1884 qui détermine les règles de son existence continentale.

La question fut portée devant le Conseil d'Amirauté. Ce corps émit, dans sa séance du 11 mars 1890, un avis nettement défavorable au vœu de la Société française, pour la raison que les Puissances n'avaient pas encore ratifié un Projet de Convention admettant que certains droits de neutralité seraient reconnus aux bâtiments armés, dans des conditions déterminées.

[1] *Bulletin de la Société française de Secours*, n° 16, 2ᵉ série (octobre 1889), p. 62.

On ne peut critiquer la décision du Conseil d'Amirauté : un décret relatif à l'action maritime de la Croix-Rouge ne pourra jamais qu'appliquer les principes contenus dans une Convention internationale concernant la marine ; c'est ce que fait sur terre le décret du 3 juillet 1884, puis le décret du 19 octobre 1892 qui abroge le précédent et qui est maintenant le règlement français d'exécution de l'Acte de 1864. Tant que la Convention future ne sera pas dûment ratifiée par les Gouvernements, les Comités maritimes de la Croix-Rouge ne pourront prétendre au bénéfice d'une reconnaissance officielle.

Lorsque les circonstances permettront une réglementation par l'État de l'activité des Sociétés de secours sur mer, il sera nécessaire de modifier et même de retourner certaines solutions qui semblent avoir prévalu jusqu'à ce jour.

Les Sociétés de secours, on le reconnaît, ne sont pas assez prospères pour pouvoir affréter, chacune, un grand paquebot et pour en assurer le service sanitaire régulier durant toute une campagne. Il sera donc nécessaire que l'Administration de la marine revienne sur des décisions prises après avis du Conseil d'Amirauté des 12 août 1890 et 12 juin 1893 [1], et d'après lesquelles les Sociétés de la Croix-Rouge n'auraient, en cas de mobilisation, à

(1) Auffret, *Les Secours aux blessés et aux naufragés des guerres maritimes.*

compter sur l'aide de l'État ni au point de vue du matériel naval, ni au point de vue du personnel.

Ces décisions s'expliquent parfaitement tant que l'action maritime des associations hospitalières n'est pas internationalement admise et protégée.

Elles n'auront plus de raison d'être dès que les Sociétés de secours auront une individualité juridique et un rôle personnel reconnus ar le consentement des Gouvernements.

Nous ne nous prononcerons pas sur le procédé qui devra l'emporter, de la construction de navires sanitaires, de l'affrètement de paquebots, ou de la réquisition de navires de commerce qu'il faudra aménager [1]. Chacun de ces systèmes a ses défenseurs et ses adversaires.

Mais, il faudra, quel que soit celui qui triomphera ou que préconisera plus spécialement l'Administration de la marine, qu'une aide soit fournie par l'État aux Sociétés, soit pour mettre à leur disposition des coques de navires qu'elle n'utiliserait pas pour le ravitaillement de la flotte, soit pour autoriser les Sociétés à affréter des bâtiments préalablement réquisitionnés comme pour le compte de l'État. Par ce progrès seulement, on évitera de voir, au jour de la mobilisation, les associations hospitalières privées ne pouvoir se procurer des navires, l'État faisant sur

[1] Académie des sciences, séance du 6 juin 1898. M. Lannelongue communiqua à l'Académie une note de M. Bonnafy, médecin en chef de la marine, relative à l'étude comparée des bâtiments de commerce affrétés par le service sanitaire et des transports hôpitaux de l'État destinés à rapatrier les malades des colonies. Sur ces derniers navires, plus spécialement aménagés, la mortalité n'avait été que de 18 0/0 alors que sur les premiers elle s'était élevée à 26 0/0.

eux une mainmise générale pour ses transports d'hommes et de munitions.

Dans leurs réunions, les Comités de la Croix-Rouge nationaux, dans les Conférences internationales, les délégués des Comités centraux n'ont cessé de jeter le cri d'alarme et de faire appel à l'État [1].

Il est temps de renier l'idée de séparation absolue, — à laquelle on s'est habitué dans la marine, — entre les services sanitaires privés et publics. Dès que la Convention permettra aux organisations intérieures de prendre leur essor, l'union de toutes les forces hospitalières et de sauvetage devra être réalisée sous le haut patronage de l'État [2]. Ce n'est que par une préparation minutieuse et commune, poursuivie durant la paix, portant sur la distribution du matériel, sur les conditions de l'affrètement, sur les charges des assurances maritimes et des avaries, sur le recrutement du personnel, etc..... [3], que l'on pourra attendre, avec confiance, les bienfaits de la protection des victimes

(1) Voir notamment le Rapport de 1889 de M. de Vogüé. Voir également les Rapports adressés à la Conférence de Rome, en particulier les Rapports français, italien et autrichien.

(2) Exemple fourni par l'ambulance navale des Dames de la Croix-Rouge de Trieste; entente entre l'État, la Croix-Rouge et la Compagnie de navigation à vapeur du Lloyd austro-hongroise, *Bulletin international*, n° 88 (octobre 1891), p. 147 ; *Bulletin international*, n° 91 (juillet 1892), p. 143 ; *Bulletin international*, n° 103 (juillet 1895), p. 123. — D'Espine, *Rapport de 1892*, p. 20 ; Voir dans les annexes le Projet de règlement pour une ambulance maritime de l'association de secours des Dames de la Croix-Rouge pour Trieste et l'Istrie.

(3) A cet égard il pourra être nécessaire de modifier, en ce qui concerne la marine l'esprit et les termes du décret du 19 octobre 1892. Dans

de la guerre maritime. C'est ainsi seulement que l'on évitera des doubles emplois et des lacunes.

La Croix-Rouge française a toujours compris la nécessité d'une sorte de fédération de tous les éléments officiels et privés en vue de l'assistance sur mer. Prochainement, l'union se fera avec l'État et par l'État. Un premier faisceau existe déjà : il est l'œuvre de l'accord intervenu, en **1891**, entre la Société de secours aux blessés militaires et la Société de sauvetage des naufragés [1] : le principe, la base de l'entente est l'action commune des deux Sociétés en temps de guerre ; la Société de sauvetage réunit alors son personnel à celui de la Croix-Rouge, lui assure le concours de ses canots, les deux associations s'entendent pour solliciter de l'État des facilités pour le recrutement du personnel sauveteur et sanitaire.

Enfin, une question qui se rattache étroitement à l'idée de la combinaison indispensable de toutes les ressources utilisables pour assurer le sauvetage et le transport des victimes des combats sur mer, est celle de la transformation, en temps de guerre, des yachts de plaisance en ambulanciers [2]. Des expériences récentes, et malheureuses,

le même ordre d'idées, lire une communication du docteur Chiari au Congrès médical de Ligurie sur l'intervention des médecins du littoral en vue de porter des secours aux blessés et aux naufragés, après une bataille livrée près de la côte, *Bulletin international,* n⁰ 109 (janvier 1897), p. 29 à 31.

(1) *Bulletin de la Société française* de septembre 1891, *Bulletin international,* n⁰ 87 (juillet 1891), le Rapport de M. le Maréchal Mac-Mahon y est reproduit. *Annales du sauvetage maritime,* Paris, 1891.

(2) Nous apprenons qu'il a été institué récemment au Ministère de la

ont démontré qu'il ne fallait pas songer raisonnablement à armer en guerre ces navires légers qui, chargés d'un matériel de combat perdent leurs qualités nautiques. Mais, précisément, en raison de leur vitesse et de leur maniabilité, ces vaisseaux affectés au service de la Croix-Rouge seraient susceptibles de rendre d'inappréciables services, dans les rencontres voisines du littoral. La question est intéressante et mérite d'être étudiée, tant au point de vue du matériel, de l'aménagement, des indemnités à donner aux propriétaires, qu'au point de vue du personnel. Les yachts n'ont un personnel que durant une saison, celle de leurs voyages ; il importerait, en modifiant au besoin les règles de l'inscription maritime, de leur assurer, le jour de la mobilisation, un équipage approprié qui donnerait son concours au personnel médical et hospitalier de la Croix-Rouge.

Marine une Commission chargée d'étudier la participation des vapeurs de plaisance au service hospitalier sous les auspices des Sociétés de la Croix-Rouge. Cette Commission n'a pas encore été réunie (avril 1899). Il serait souhaitable qu'elle fût appelée à délibérer et à formuler son avis avant le 18 mai prochain, date de l'ouverture de la Conférence de La Haye.

# CONCLUSION

Dans l'exposé et dans la discussion qui précèdent
nous nous sommes volontairement interdit d'aborder et
même d'effleurer des théories d'un ordre général, comme
celles, par exemple, qui ont trait au désarmement militaire, bien que le sujet de cette thèse découle de la même
idée : la nécessité d'apporter un adoucissement aux maux
qu'entraîne la guerre.

Nous attachant exclusivement aux conceptions humanitaires dont l'honneur revient aux philanthropes de
Genève et dont la réalisation pratique va devenir maintenant possible sur mer, grâce aux efforts persistants des
Sociétés de secours et aux vœux exprimés dans leurs
assises solennelles, nous avons, de parti pris, omis de
signaler, même par allusion, l'action plus générale des
hommes qui « ont déclaré la guerre à la guerre » et le
rôle des Associations telles que la « Ligue internationale
« de la Paix » ou l' « Union interparlementaire de l'Arbi-
« trage international » qui ont recruté, dans tous les pays,
de nombreux adhérents et qui ont créé, par toute l'Europe une agitation généreuse et déjà féconde. C'est que
les questions soulevées par ces sociétés ne se rattachent

pas directement au sujet de notre thèse; c'est que la paix universelle, dont elles poursuivent l'établissement, nous paraît un but encore trop éloigné et peut-être inaccessible.

Nous n'oublions pas que Mirabeau lançait déjà, au mois d'août 1790 cette prophétie : « il n'est pas loin de « nous, peut-être, ce moment où la Liberté, régnant « sans rivale sur les deux mondes, réalisera le vœu de « la philosophie, absoudra l'espèce humaine du crime « de la guerre et proclamera la paix universelle ». C'était une de ces illusions généreuses propres aux hommes de 1789 : plus de cent ans ont passé et la prophétie est loin d'être réalisée.

Et, cependant, une conclusion pleine d'espoirs, qui, vraisemblablement ne sont pas tous chimériques, s'impose à la fin de cette étude : c'est que jamais on n'a senti plus vivement la nécessité d'alléger les souffrances qui naissent de ce mal, inévitable peut-être, qu'on appelle la guerre. A aucun moment de l'histoire des peuples, on n'a trouvé plus lourdes les charges écrasantes de la paix armée. Le XIXe siècle qui est né dans le bruit des batailles s'éteint au milieu des paroles de paix et des promesses de désarmement.

Que sortira-t-il de ces Congrès, de ces paroles de paix prononcées par tous les chefs d'État, de ces échanges de vues amicales ou humanitaires entre les Puissances? Nul ne saurait le dire. Mais, si nous demeurons sceptiques sur l'avènement de la paix universelle, sommes-nous forcés d'accepter la guerre comme une fatalité d'ordre moral et providentiel? Et, sans entrer dans des considérations philosophiques qui dépasseraient les limites de cette modeste thèse juridique, ne pouvons-nous pas, en restant sur notre terrain, entrevoir une solution d'ordre juridique au problème de la guerre?

Il existe un droit international. Est-il possible de limiter par avance le nombre des matières qu'il peut et doit contenir? Déjà, nous l'espérons fermement, une entente internationale est près de se faire en vue des mesures à prendre en faveur de blessés des guerres maritimes : elle ajoutera un nouveau chapitre à la partie positive du droit international. Dans un autre ordre d'idées, une foule de décisions arbitrales intervenues depuis trente ans entre les Puissances permettent d'espérer la conclusion, dans un délai très bref, de traités permanents d'arbitrage. Tout, en un mot, concourt à établir et à resserrer de plus en plus entre les États, des relations juridiques, à préparer une codification toujours plus vaste de principes obligatoires, à assurer en définitive le règlement, par la voie juridique, de tous les différends entre les nations.

La solution de la question que nous venons d'étudier, si restreint qu'en soit le sujet, sera une nouvelle manifestation de l'immense effort de ce siècle vers le Droit et la Justice.

*Vu par le Président de la thèse,*
RENAULT.

*Vu par le Doyen,*
GLASSON.

VU ET PERMIS D'IMPRIMER :
*Le Vice-Recteur de l'Académie de Paris,*
GRÉARD.

C. 15

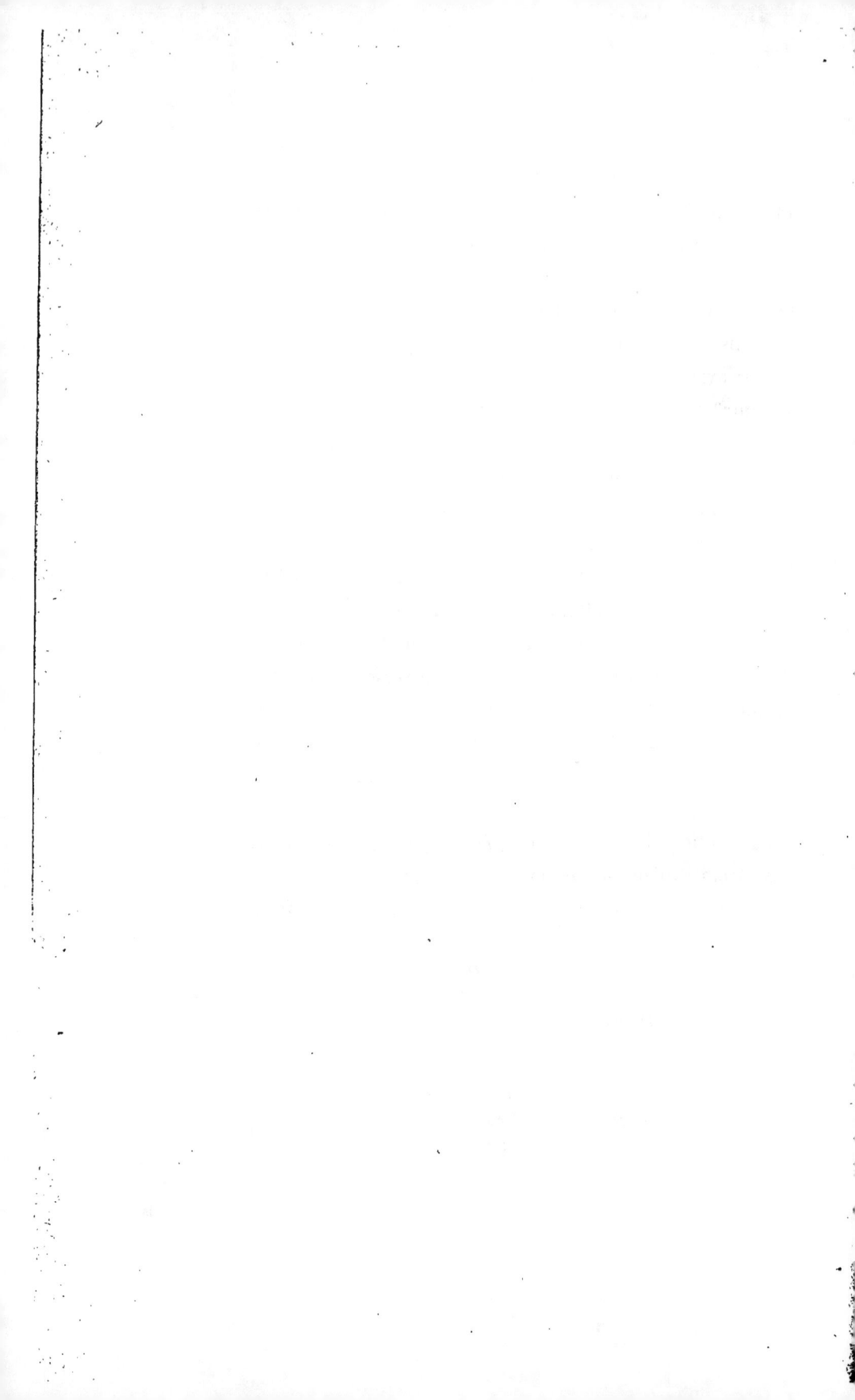

# BIBLIOGRAPHIE

## I. — Sources.

*De Martens*. — Recueil des traités des Puissances et des États de l'Europe depuis 1761.

Procès-verbaux de la Conférence de Genève de 1864.

—    —    de Paris de 1867.

—    —    de Genève de 1868.

—    des délibérations de la Conférence des Sociétés de la Croix-Rouge de Berlin de 1869.

Déclaration du Gouvernement français du 23 juillet 1870.

Instructions de M. le Ministre de la Marine du 25 juillet 1870.

Procès-verbaux de la Conférence de Bruxelles de 1874.

—    —    de Carlsruhe de 1887.

—    —    de Rome de 1892.

—    —    de Vienne de 1897.

Projet du Comité central italien relatif à l'activité maritime de la Croix-Rouge (Archives diplomatiques).

Correspondance diplomatique des Gouvernements et du Conseil fédéral suisse publiée dans le Bulletin international de Genève.

Circulaire de M. le comte *Mourawief* du 24 janvier 1899.

## II. — **Ouvrages généraux.**

*Moynier* et *Appia*. — La Guerre et la Charité (1867).

*Moynier*. — Étude sur la Convention de Genève (1870).

*Barboux*. — Jurisprudence du tribunal des prises pendant la guerre de 1870-1871 (1872).

*Lueder*. — La Convention de Genève au point de vue historique, critique et dogmatique (1876).

*Moynier*. — La Croix-Rouge, son passé et son avenir (1882).

*de Boeck*. — De la Propriété privée ennemie sous pavillon ennemi (1882).

*Criegern*. — Das rothe Kreuz (1883).

*Perels*. — Manuel de droit international maritime (1884).

*Guelle*. — Précis des Lois de la Guerre (1884).

*Holtzendorff*. — Handbuch des Völkerrechts (1889) (V. surtout t. IV, p. 174 et suiv. par Lueder).

*Piédelièvre*. — Précis de droit international public (1895).

*Gareis*. — Die Weiterentwickelung des Prinzips der Genfer Konvention in den letzten dreiszig Jahren (1895).

*Pillet*. — Les Lois actuelles de la Guerre (1898).

*Charles Dupuis*. — Le Droit de la Guerre maritime d'après les doctrines anglaises contemporaines (1899).

Bulletin de la Société française de secours aux blessés militaires des armées de terre et de mer.

Bulletin international des Sociétés de secours aux militaires blessés publié par le Comité international de Genève depuis 1869.

Revue générale de Droit international public depuis 1894.

III. — **Bibliographie spéciale à la question de la protection des blessés et des naufragés des guerres
maritimes.**

*Ferguson.* — The Red-Cross Alliance at Sea (1871).

*Steinberg.* — Rapport publié dans le journal « Das Kriegerheil »
(4ᵉ fascicule) (1870).

*De Vogüé.* — Rapport publié dans le Bulletin de la Société de
secours aux militaires blessés des armées de terre et de
mer (2ᵉ série) (Bulletin XVI octobre 1889).

*De Vogüé.* — Rapport sur l'activité maritime des Sociétés de la
Croix-Rouge adressé au Comité international au nom du
Conseil central de la Société française (décembre 1891).

*Houette.* — Mémoire sur la question des secours aux victimes des
guerres maritimes et des combats sur mer (Concours de
l'Union des Femmes de France, 1892).

*Renault.* — Rapport sur le mémoire du lauréat du Concours de
l'Union des Femmes de France (1892).

*D'Espine.* — Activité maritime de la Croix-Rouge, Rapport adressé
au nom du Comité international de la Croix-Rouge à MM. les
Présidents des Comités centraux (1892).

*Auffret.* — Les Secours aux blessés et aux naufragés des guerres
maritimes (Extrait de la Revue maritime et coloniale, jan-
vier-février 1894).

*De Vogüé.* — Rapport présenté à la Conférence de Vienne au nom
du Comité central français (1897).

*Brémand.* — Étude sur le service médical à bord à l'occasion du
combat, suivie d'une note sur l'évacuation des blessés d'une
armée navale.(1897).

*N...* — Le Service de secours de la Société de la Croix-Rouge du
Japon pendant la guerre de la 27ᵉ, 28ᵉ année de Meiji.

*Romberg.* — Belligérants blessés et prisouniers de guerre, à propos de la guerre hispano-américaine (1898).

*Moynier.* — La Révision de la Convention de Genève (publication du Comité international de Genève, 1899).

# APPENDICE

ARTICLES ADDITIONNELS DU 20 OCTOBRE 1868

A LA CONVENTION DE GENÈVE

(*Articles concernant la marine.*)

---

## Dispositions concernant la marine.

*Article 6*. — Les embarcations qui, à leurs risques et périls, pendant et après le combat, recueillent, ou qui, ayant recueilli des naufragés ou des blessés, les portent à bord d'un navire soit neutre, soit hospitalier, jouiront jusqu'à l'accomplissement de leur mission, de la part de neutralité que les circonstances du combat et la situation des navires en conflit permettront de leur appliquer.

L'appréciation de ces circonstances est confiée à l'humanité de tous les combattants.

Les naufragés et les blessés ainsi recueillis et sauvés ne pourront servir pendant la durée de la guerre.

*Article 7*. — Le personnel religieux, médical et hospitalier de tout bâtiment capturé est déclaré neutre. Il emporte, en quittant le navire, les instruments de chirurgie qui sont sa propriété particulière.

*Article 8*. — Le personnel désigné dans l'article précédent doit continuer à remplir ses fonctions sur le bâtiment capturé, concourir aux évacuations de blessés faites par le vainqueur; puis il doit être libre de rejoindre son pays.

*Article 9.* — Les bâtiments hôpitaux militaires restent soumis aux lois de la guerre en ce qui concerne le matériel : ils deviennent la propriété du capteur, mais il ne pourra les détourner de leur affectation spéciale pendant la durée de la guerre.

*Article 10.* — Tout bâtiment de commerce, à quelque nation qu'il appartienne, chargé exclusivement de blessés et de malades dont il opère l'évacuation, est couvert par la neutralité ; mais le fait seul de la visite, notifié par le journal du bord par un croiseur ennemi, rend les blessés et les malades incapables de servir pendant la durée de la guerre. Le croiseur aura même le droit de mettre à bord un commissaire pour accompagner le convoi et vérifier ainsi la bonne foi de l'opération.

Si le bâtiment de commerce contenait en outre, un chargement, la neutralité le couvrirait encore, pourvu que ce chargement ne fut pas de nature à être confisqué par le belligérant.

Les belligérants conservent le droit d'interdire aux bâtiments neutralisés toute communication et toute direction qu'ils jugeraient nuisibles au secret de leurs opérations.

Dans les cas urgents, des conventions particulières pourront être faites par les commandants en chef pour neutraliser momentanément, d'une manière spéciale, les navires destinés à l'évacuation des blessés ou des malades.

*Article 11.* — Les marins et les militaires embarqués, blessés ou malades, à quelque nation qu'ils appartiennent, seront protégés et soignés par les capteurs.

*Article 12.* — Le drapeau distinctif, à joindre au pavillon national pour indiquer un navire ou une embarcation quelconque qui réclame le bénéfice de la neutralité en vertu des principes de cette Convention, est le pavillon blanc à croix rouge.

Les belligérants exercent à cet égard toute vérification qu'ils jugent nécessaire.

Les bâtiments hôpitaux militaires seront distingués par une peinture extérieure blanche avec une batterie verte.

*Article 13.* — Les navires hospitaliers équipés aux frais des Sociétés de secours reconnues par les Gouvernements signataires de cette Convention, pourvus de commissions émanées du souverain qui aura donné l'autorisation expresse de leur armement et d'un document de l'autorité maritime compétente, stipulant qu'ils ont été soumis à son contrôle pendant leur armement et à leur départ final, et qu'ils étaient alors uniquement appropriés au but de leur mission, seront considérés comme neutres, ainsi que tout leur personnel.

Ils seront respectés et protégés par les belligérants.

Ils se feront reconnaître en hissant, avec leur pavillon national, le pavillon blanc à croix rouge. La marque distinctive de leur personnel, dans l'exercice de ses fonctions, sera un brassard aux mêmes couleurs; leur peinture extérieure sera blanche avec batterie rouge.

Ces navires porteront secours et assistance aux blessés et aux naufragés des belligérants, sans distinction de nationalité. Il ne devront gêner, en aucune manière, les mouvements des combattants.

Pendant et après le combat, ils agiront à leurs risques et périls.

Les belligérants auront sur eux le droit de contrôle et de visite; ils pourront refuser leur concours, leur enjoindre de s'éloigner et les détenir si la gravité des circonstances l'exigeait.

Les blessés et les naufragés recueillis par ces navires ne pourront être réclamés par aucun des combattants, et il leur sera imposé de ne pas servir pendant la durée de la guerre.

*Article 14.* — Dans les guerres maritimes, toute forte présomption que l'un des belligérants profite du bénéfice de la neutralité dans un autre intérêt que celui des blessés et des malades,
permet à l'autre belligérant, jusqu'à preuve du contraire, de suspendre la Convention à son égard.

Si cette présomption devient une certitude, la Convention peut
même lui être dénoncée pour toute la durée de la guerre.

# TABLE DES MATIÈRES

---

## INTRODUCTION

## CHAPITRE I

**Historique de l'idée de protection des victimes des guerres maritimes avant 1868.**

# CHAPITRE II

## La Conférence de 1868 et les articles additionnels concernant la marine.

# CHAPITRE V

## Critiques formulées sur le caractère des articles additionnels de 1868.

# CHAPITRE VI

**Historique de l'idée de l'application des secours aux victimes des guerres maritimes de 1870 à 1899.**

C.                                                         16

# CHAPITRE VIII

## Organisation rationnelle des secours aux victimes des guerres maritimes.

BAR-LE-DUC. — IMPRIMERIE CONTANT-LAGUERRE.

IMPRIMERIE
CONTANT-LAGUERRE

BAR-LE-DUC